# ŒUVRES
## COMPLÈTES
## DE CONDILLAC.

TOME XXI.

A PARIS,

Chez
- Gratiot, cul-de-sac Pecquay, rue des Blancs-Manteaux.
- Houel, rue du Bacq, N°. 940.
- Guillaume, rue de l'Eperon, N°. 12.
- Pougin, rue des Pères, N°. 61.
- Gide, place St.-Sulpice.

Et A STRASBOURG,
Chez Levrault, libraire.

# ŒUVRES
# DE CONDILLAC,

Revues, corrigées par l'Auteur, imprimées sur ses manuscrits autographes, et augmentées de LA LANGUE DES CALCULS, ouvrage posthume.

## COURS D'ÉTUDES
### POUR L'INSTRUCTION
### DU PRINCE DE PARME.

---

DE L'ÉTUDE DE L'HISTOIRE.

A PARIS,

DE L'IMPRIMERIE DE CH. HOUEL.

---

AN VI. — 1798. ( E. vulg. )

# DE L'ÉTUDE DE L'HISTOIRE.

## PREMIÈRE PARTIE.

### CHAPITRE PREMIER.

INTRODUCTION.

*Que l'Histoire doit être une école de morale et de politique.*

On a déjà mis sous vos yeux, Monseigneur, tout ce que l'histoire présente de plus remarquable. Vous avez vu naître le genre humain, et à peine les hommes ont-ils été formés, qu'ils n'ont plus été dignes que de la colère de leur auteur. Ils abusent des bienfaits du ciel, ils sont condamnés à périr sous les eaux; et vous avez vu sortir de l'arche une famille privilégiée et destinée à repeupler la terre. A l'exception de quelques patriarches que Dieu a gouvernés d'une manière miraculeuse, et choisis pour être les pères d'un peuple élu, nous ignorons les courses, les entreprises, les transmigrations et les établissemens des enfans de Noé. Ces siècles, qu'il seroit si avantageux de connoître, sont ensevelis dans une obscurité profonde. Nous ne savons point par quel enchaînement de révolution extraordinaire, les hommes, reproduits et multipliés en peu de temps, ont perdu les connoissances que leurs pères avoient avant le déluge.

En remontant aussi haut que peuvent nous conduire les monumens de l'histoire profane, vous n'avez en effet trouvé sur presque toute la terre que des hommes plongés dans la plus affreuse barbarie, et conduits par des passions brutales dont ils étoient les victimes. Ces sauvages, pareils aux brutes, paroissoient n'avoir comme elles qu'un instinct grossier. Il a fallu que l'excès de leurs malheurs les forçât à réfléchir, que des hasards heureux et des hommes de génie les retirassent des forêts, leur apprissent à construire des cabanes, à nourrir des troupeaux, à cultiver la terre et à s'aider mutuellement dans leurs besoins. La société étoit seule capable de leur faire connoître leurs devoirs, de leur présenter un bien public qu'ils devoient aimer, et, en établissant une règle et un ordre entre eux, de hâter le développement de leur raison.

C'est dans l'Asie que, jetant les premiers fondemens de la société, les lois ont d'abord amené la sûreté et la paix à la suite de la justice. Vous voyez s'élever à la fois les empires puissans d'Assyrie, de Babylone et d'Egypte, tandis que le reste de la terre est encore barbare. L'Europe se civilise à son tour ; et les côtes d'Afrique que baigne la Méditerranée, sont enfin habitées par des hommes. On voit par-tout des villes, des lois, des magistrats, des rois et des arts ; mais les vices qui tourmentoient les particuliers avant la naissance des sociétés, vont tourmenter les états. L'injustice, la violence, l'avarice, l'ambition, la rivalité, la jalousie ont rendu les nations ennemies les unes des autres ; et vous avez vu commencer cette suite éternelle de guerres et de révolutions qui, depuis la ruine des Babyloniens jusqu'à nos jours, ont changé mille fois la face du monde.

Ninus, vainqueur de Babylone ; Sémiramis qui, en lui succédant, porta l'empire d'Assyrie au plus haut degré d'élévation ; Déjocès, à qui sa vertu soumit les Mèdes ses concitoyens ; Cyrus, dont la valeur donna l'empire de l'Asie entière aux Perses, peuple jusqu'alors inconnu et peu puissant ; tous ces héros, et quelques autres que je pourrois encore nommer, ont mérité une attention particulière de votre part. En vous instruisant de ce que des monumens trop rares nous apprennent de l'ancienne Egypte, ce ne sont, Monseigneur, ni ses pyramides, ni le labyrinthe, ni le lac de Mœris, ni les inondations fécondes du Nil, ni la grandeur fastueuse des successeurs de Sésostris, qui, sans doute vous ont le plus touché. Vous auriez voulu connoître les lois, les institutions, les établissemens, les mœurs, les usages de cette contrée heureuse où la philosophie est née. C'est-là que les hommes les plus célèbres de l'antiquité sont allés puiser la sagesse pour la répandre chez des peuples ignorans ; et cette philosophie n'étoit pas, comme aujourd'hui, une vaine spéculation ; c'étoit l'art d'être heureux réduit en pratique.

Jamais pays n'a produit plus de vertus ni plus de talens que la Grèce. En voyant les institutions rigides de Lycurgue, et la sagesse des Spartiates, avez-vous regretté que des lois trop molles et favorables à nos vices, aient ailleurs dégradé l'humanité? En voyant les grandes choses qu'ont faites les Athéniens, auriez-vous voulu naître dans la patrie des Miltiade, des Aristide, des Thémistocle, des Cimon ? C'est un favorable augure pour les hommes qui doivent un jour vous obéir, si, en lisant l'histoire de la Grèce, vous vous êtes intéressé à sa prospérité, et si vous avez vu avec plaisir la vengeance, le faste et toutes les forces de Xercès venir se briser contre le courage, la discipline et la liberté des Spartiates et des Athéniens. Vous serez certainement, Monseigneur, un grand prince, si, plein d'admiration pour le génie de Philippe inépuisable en ressources, et le courage audacieux d'Alexandre, une raison prématurée vous a cependant porté à blâmer leur ambition, et désirer qu'ils eussent fait un meilleur emploi de leurs grandes qualités.

Les romains, dont la fortune élevée par degrés, subjugue enfin toute la terre, vous ont présenté un spectacle également agréable et instructif. D'une foule de brigands ou d'esclaves fugitifs à qui Romulus avoit ouvert un asyle, vous voyez naître les maitres du monde. Ils prennent peu à peu des mœurs, et en s'accoutumant à obéir aux lois religieuses de Numa, ils échappent à la ruine dont ils étoient menacés. La haine que leur inspire la tyrannie de Tarquin, leur donne la force de secouer son joug, et les prépare à prendre toutes les vertus qui accompagnent la liberté. A peine ont-ils des consuls, qu'ils ont déjà autant de héros que de citoyens. Si l'orgueil, l'avarice et l'avidité des patriciens menacent encore la république d'une nouvelle servitude, on ne leur donne pas le temps d'affermir leur puissance; bientôt des tribuns font connoître au peuple sa dignité, et forcent peu à peu ses ennemis à fléchir sous les loix de l'égalité. Le génie de Rome s'élève, s'étend, s'agrandit, en quelque sorte au milieu de ses dissensions domestiques. Sans législateur qui instruise la république à régler ses passions, et à ne se pas laisser effrayer par les caprices de la fortune, elle acquiert, par ses seules méditations, cette patience prudente qui se rend maîtresse des événemens, et cette magnanimité qui triomphe de tous les obstacles.

Vous avez pris sans doute plaisir à suivre les romains dans leurs victoires. Quelque intérêt qui vous attache à la nation gauloise, confondue depuis avec les français, ses vainqueurs, n'avez-vous pas craint que Brennus n'étouffât dans son berceau un peuple que son courage appelloit à l'empire du monde, et dont la prospérité et les malheurs devoient également servir d'éternelle instruction aux barbares qui envahiront un jour ses provinces? Pyrrhus vous a inquiété, Annibal vous a fait trembler. Conservez avec soin, Monseigneur, ces premiers sentimens que vous a fait naître la lecture de l'histoire ancienne. C'est-là le premier avantage qu'on en doit retirer à votre âge. L'administration pour les grands modèles que présente l'antiquité, ouvrira votre ame à l'amour de la véritable gloire, et vous tiendra en garde contre les vices communs à tous les hommes, et contre les préjugés particuliers aux princes.

Ne considérer l'histoire que comme un amas immense de faits qu'on tâche de ranger par ordre de dates dans sa mémoire, c'est ne satisfaire qu'une vaine et puérile curiosité, qui décèle un petit esprit, ou se charger d'une érudition infructueuse, qui n'est propre qu'à faire un pédant. Que nous importe de connoître les erreurs de nos pères, si elles ne servent pas à nous rendre plus sages? Cherchez, Monseigneur, à former votre cœur et votre esprit. L'histoire doit être pendant toute votre vie l'école où vous vous instruirez de vos devoirs. En vous présentant des peintures vives de la considération qui accompagne la vertu, et du mépris qui suit le vice, elle doit un jour suppléer aux hommes qui cultivent aujourd'hui les heureuses qualités que la nature vous a données.

On ose aujourd'hui vous montrer la vérité; on ose tantôt mettre un frein à vos passions naissantes, et tantôt secouer cette pesanteur naturelle qui retarde notre marche vers le bien ; mais un jour viendra, et il n'est pas loin, Monseigneur, qu'abandonné à vous-même, vous ne trouverez autour de vous aucun secours contre des passions d'autant plus fortes et plus indiscrettes, que vous êtes plus élevé au-dessus des hommes qui vous entourent. Vous ne connoissez pas le malheur, je dirois presque la misère de votre condition. La vérité, toujours timide, toujours fastidieuse, toujours étrangère dans les palais des princes, craindra certainement de se montrer devant vous. Redoutez, Monseigneur, ce moment de votre indépendance. Quand je vous l'ai annoncé comme prochain, si vous avez éprouvé un sentiment de joie et d'impatience, je dois vous avertir que vous devez redoubler d'attention pour ne pas échouer contre l'écueil

qui vous attend. Triste et malheureux effet de votre grandeur ! vous serez environné de complaisans à gages, qui épieront incessamment vos foibles, et dont la funeste adresse vous tendra des piéges d'autant plus dangereux qu'ils vous paroîtront agréables. Pour vous dominer impérieusement, ils iront au-devant de vos désirs; ils tâcheront, avec autant d'art que de constance, de vous rendre esclave de leurs passions, en feignant d'obéir aux vôtres. Si vous les croyez, vous serez tenté de vous croire quelque chose de plus qu'un homme, et, dupe de vos courtisans, vous vous trouverez rabaissé même au-dessous d'eux.

A la voix insidieuse de la flatterie, opposez les réflexions que vous fournira l'histoire. Elle vous apprendra, si elle n'est pas écrite par la plume prostituée de nos écrivains modernes, que la vertu ne doit pas être d'un exercice plus commode et plus facile pour les princes que pour les autres hommes. Elle vous dira, au contraire, que plus vos devoirs sont étendus, plus vous devez livrer de combats et faire d'efforts pour les remplir. Elle vous avertira que, né comme tous les hommes, avec un commencement de toutes les passions, vous devez craindre qu'elles ne vous conduisent aux plus grands vices; elle vous dira que chaque vice du prince est un malheur public.

Jamais prince n'a mérité les éloges que lui prodiguent ses courtisans : c'est une vérité, c'est un axiome qui ne souffre aucune exception, et que vous devez religieusement vous répéter tous les jours de votre vie. Quand votre orgueil sera tenté d'ajouter foi à des flatteurs, rappelez-vous que les monarques les plus vils, les plus méchans même, les Caligula et les Néron, ont été regardés comme des dieux par les hommes qui avoient le malheur de les approcher. Serez-vous prêt à vous laisser éblouir par votre pouvoir, ou amollir par les voluptés que vous prodiguera votre fortune? Rappelez-vous avec quel œil dédaigneux l'histoire voit ces princes qui n'ont de grand que les titres dont ils sont accablés : elle flétrit leur mémoire. A peine daigne-t-elle conserver les noms de ces rois oisifs et paresseux, qui n'ont rien fait pour le bonheur des hommes ; tandis qu'elle venge de simples citoyens de l'obscurité à laquelle leur état sembloit les condamner.

Lisez, et relisez souvent, Monseigneur, les vies des *hommes illustres*, de Plutarque. Si cette lecture vous touche, si elle vous intéresse, si vous ne l'abandonnez qu'avec peine, si vous y revenez avec plaisir, il vous est permis de juger avantageusement de vous, et de croire que vous avez fait et que vous ferez des progrès. Les héros de Plutarque ne sont presque tous que de simples citoyens; et les princes les plus puissans ne peuvent cependant être grands aux yeux de la vérité et de la raison, qu'en les prenant pour modèles. Choisissez-en un que vous veuilliez imiter. Mais, je vous en avertis, Monseigneur, que ce ne soit pas un prince. Vous ne trouverez point dans le tableau que Plutarque en fait, cet amour de la justice et du bien public qui distingue les citoyens d'une république. Je ne sais quelle gloire fausse et ambitieuse ternit toujours la vie des plus grands rois. Ils oublient trop souvent qu'ils ne sont que l'instrument du bonheur de leur peuple; et ils veulent que leur peuple soit l'instrument de leur gloire. Choisissez pour modèle un simple citoyen de la Grèce ou de Rome, prenez-le pour votre juge, demandez-vous souvent : Aristide, Fabricius, Phocion, Caton, Epaminondas auroient-ils agi ainsi? Vous sentirez alors votre ame s'élever, vous serez tenté de les imiter. Demandez-vous quel jugement ces grands hommes porteroient de telle ou telle action que vous voudrez faire, et vous acquerrez le goût le plus noble et le plus délicat pour la justice et la véritable gloire.

Mais il ne suffit pas, Monseigneur, que vous regardiez l'histoire comme une école de morale. Dans l'état où vous êtes né, ce n'est pas assez que vous soyez vertueux pour vous-même, vous devez nous être utile, et il faut que vous acquériez les lumières nécessaires à un prince chargé de veiller sur la société. La seule qualité d'homme et de citoyen, doit porter les particuliers à méditer sur ce qui fait le bonheur ou le malheur de la société, et les anciens nous ont laissé, à cet égard, un exemple trop négligé par les modernes. Quel est donc le devoir de ceux à qui les peuples n'ont remis et ne confient le pouvoir souverain qu'à la charge de travailler au bonheur public?

Il y a un art pour rendre une république heureuse et florissante, c'est cet art qu'on appelle politique. Défiez-vous des personnes qui vous diront qu'il suffit d'avoir le cœur droit et l'esprit juste pour bien gouverner. Elles ne voudront vous rendre ignorant que pour se rendre nécessaires, abuser de votre ignorance, et vous tromper plus aisément. Le prince qui ne connoît pas les ressorts qui font mouvoir et fleurir la société, ou qui ignore comment il faut accélérer ou ralentir leur action, réduit à la condition d'un automate, ne sera que l'organe ridicule de ses ministres : son ignorance les enhardira au mal, et bientôt leur premier intérêt sera d'être ses favoris pour devenir les tyrans de ses peuples. S'il néglige de s'instruire, et de remonter jusqu'aux premiers principes de la postérité et de la décadence des états, il s'égarera malgré les meilleures intentions. En remédiant à un abus, il en produira un autre. Le bien, fait par hasard et sans règle, ne sera jamais que passager, et tiendra toujours à quelque inconvénient. Vous avez dû remarquer dans l'histoire, plusieurs rois dont on loue la probité; des Louis XII ont été honorés du titre *de pères du peuple* : ces princes vouloient sincèrement le bonheur de leur royaume; mais faute de lumières, ils n'ont jamais pu rien exécuter d'utile à la société. Après le plus long règne, n'étant encore instruits que par leur seule expérience, ils ne connoissoient que très-imparfaitement un cercle très-étroit de choses.

C'est parce qu'on dédaigne par indifférence, par paresse, ou par présomption de profiter de l'expérience des siècles passés, que chaque siècle ramène le spectacle des mêmes erreurs et des mêmes calamités. L'imbécille ignorance va échouer contre des écueils, autour desquels on voit encore flotter mille débris, restes malheureux de mille naufrages. Elle est obligée d'inventer, et peut à peine ébaucher des établissemens dont on trouve le modèle parfait, dans un autre temps ou chez une autre nation. De-là ces vicissitudes, ces révolutions capricieuses et éternelles auxquelles les états semblent être condamnés. Nous faisons ridiculement et laborieusement des expériences malheureuses, quand nous devrions profiter de celles de nos pères. Tantôt le gouvernement s'égare dans de vaines spéculations, et ne court qu'après des chimères; tantôt il s'applique gravement à faire des changemens qui ne changent rien au sort malheureux de l'état. On étaye un édifice qui s'écroule, avec des poutres à moitié pourries. Nous nous agitons, comme des enfans, pour ne rien faire. Tant de fautes ne sont point impunies, et une fortune cruelle, inconstante et aveugle, semble présider aux choses de ce monde ; en usurpant sur les nations l'empire qu'y devroit avoir la prudence, elle les conduit à leur ruine à travers mille malheurs.

Avant que de commander une armée, Scipion et Lucullus apprirent, dans la lecture de Xénophon, à devenir de grands capitaines. Ils ne se livroient point au stérile plaisir de lire de grandes actions de guerre et d'orner leur mémoire ; ils s'appliquoient à démêler les causes des succès heureux, ou des événemens malheureux d'une entreprise particulière, ou d'une campagne entière ; ils étudioient l'art d'un général pour préparer la victoire, ou ses ressources pour réparer une défaite. Armes et discipline de chaque peuple, manière différente de faire la guerre, mouvemens des armées selon la différence de leurs positions ou terreins, rien n'échappoit à leurs méditations. Sans être sortis de Rome, Scipion et Lucullus avoient en quelque sorte fait la guerre contre plusieurs nations différentes, et sous les plus habiles capitaines de la Grèce. Pleins ainsi du génie de ces grands hommes, ils en furent les rivaux dès qu'ils commandèrent les légions romaines.

Quel que soit l'emploi auquel on est appellé, soit qu'il n'ait rapport qu'à une branche de l'administration publique, soit qu'il en embrasse toutes les parties, il n'est pas douteux qu'on ne puise dans l'histoire les mêmes secours que Scipion et Lucullus y trouvèrent pour perfectionner leurs talens naturels, et devenir de grands capitaines. Je pourrois, Monseigneur, vous en citer mille exemples ; et j'espère que même vous en serez un qu'on citera un jour aux princes qu'on voudra former aux grandes choses.

Quelques peuples ont joui pendant plusieurs siècles d'un bonheur constant; d'autres n'ont eu qu'une prospérité courte et passagère, ou n'ont existé que pour être malheureux. Quelques états n'ont jamais pu, malgré leurs efforts, sortir de leur première médiocrité; quelques-uns sont parvenus sans peine à la plus grande puissance. Combien de nations, autrefois célèbres, et dont la durée sembloit en quelque sorte devoir être égale à celle du monde, ne sont plus connues que dans l'histoire ? Perses, Egyptiens, Grecs, Macédoniens, Carthaginois, Romains, tous ces peuples sont détruits. Leurs prospérités, leurs disgrâces, leurs révolutions, leur ruine, ne doivent-elles être considérées que comme les jeux d'une fatalité aveugle? Ne rapporterons-nous de leur histoire, Monseigneur, que la triste et fausse conviction que tout est fragile, que tout cède aux coups du temps, que tout meurt; que les états ont un terme fatal, et quand il approche, qu'il n'y a plus ni sagesse, ni prudence, ni courage qui puissent les sauver?

Non. Chaque nation a eu le sort qu'elle devoit avoir; et quoique chaque état meure, chaque état peut et doit aspirer à l'immortalité. Ainsi que Phocion l'enseigne à Aristias, accoutumez-vous à voir, dans la prospérité des peuples, la récompense que l'auteur de la nature a attachée à la pratique de la vertu ; voyez dans leurs adversités, le châtiment dont il punit leurs vices. Aucun état florissant n'est déchu qu'après avoir abandonné les institutions qui l'avoient fait fleurir; aucun état n'est devenu heureux, qu'en réparant ses fautes et corrigeant ses abus. La fortune n'est rien, la sagesse est tout ; et ces grands événemens rapportés dans l'histoire ancienne et moderne, et qui nous effraient, seront autant de leçons salutaires si nous savons en profiter. Appliquez-vous dans vos études, Monseigneur, à démêler avec soin les causes du peu de prospérité et des malheurs infinis que les hommes ont éprouvés, et vous connoîtrez sûrement la route que vous devez prendre pour devenir le père de vos sujets et le bienfaiteur des générations suivantes. La connoissance du passé levera le voile qui vous cache l'avenir. Vous verrez par quelles institutions les peuples inquiets, qui déchirent aujourd'hui l'Europe, peuvent encore se rendre heureux. Vous connoîtrez le sort que chaque nation doit attendre de ses mœurs, de ses loix, et de son gouvernement.

Il n'y a point d'histoire ainsi méditée, qui ne vous instruise de quelque vérité fondamentale, et ne vous préserve des préjugés de notre politique moderne, qui cherche le bonheur où il n'est pas. Les rois de Babylone, d'Assyrie, d'Egypte et de Perse, ces monarques si puissans sembleront vous crier de dessous leurs ruines, que la vaste étendue des provinces, le nombre des esclaves, les richesses, le faste et l'orgueil du pouvoir arbitraire hâtent la décadence des empires. La Phénicie, Tyr et Carthage vous annoncent tristement que le commerce, l'avarice, les arts et l'industrie ne donnent qu'une prospérité passagère, et que les richesses accumulées avec peine trouvent toujours des ravisseurs, parce qu'elles excitent la cupidité des étrangers. Rome vous dira, Monseigneur, apprenez par mon exemple tout ce que la vertu produit de force et de grandeur; elle m'a donné l'empire du monde. Mais, ajoutera-t-elle, en me voyant déchirée par mes propres citoyens, et la proie de quelques nations barbares qui n'avoient que du courage, apprenez à redouter l'injustice, la mollesse l'avarice et l'ambition.

La Grèce vous offre ses fastes; lisez. C'est-là que vous pouvez faire une ample moisson de vérités politiques. Vous y apprendrez à la fois et ce que vous devez faire et ce que vous devez éviter. Les institutions de Lycurgue ne peuvent être trop étudiées; jamais on ne peut trop en méditer l'esprit, quoiqu'il soit aujourd'hui impossible de nous élever au même degré de sagesse. Ce ne sera point sans fruit que vous découvrirez les vices des loix de Solon. La prospérité de Lacédémone vous prouvera que le plus petit état peut être très-puissant, quand les lois ne tendent qu'à donner de la force et de l'énergie à nos ames. Athènes, illustrée par des efforts momentanés de courage et de magnanimité, et par son amour de la liberté et de la patrie, mais malheureuse parce qu'elle n'avoit aucune tenue dans sa conduite, vous donnera les leçons les plus utiles, en vous montrant que des vertus et des talens mal dirigés n'ont servi qu'à la perdre. Dans les divisions des grecs, dans les malheurs que leur causa leur ambition, vous apprendrez à connoître les erreurs de l'Europe moderne, qui se lasse, qui s'épuise, qui se déshonore par des guerres continuelles, dans lesquelles le vainqueur trouve toujours la fin de sa prospérité et le commencement de sa décadence.

Remarquez-le avec soin ; les mêmes lois, les mêmes passions, les mêmes mœurs, les mêmes vertus, les mêmes vices ont constamment produit les mêmes effets ; le sort des états tient donc à des principes fixes, immuables et certains. Découvrez ces principes, Monseigneur, et je prends la liberté de vous le répéter, la politique n'aura plus

de secrets pour vous. Plein de l'expérience
de tous les siècles, vous saurez par quelle
route les hommes doivent aller au bonheur.
Sans être jamais la dupe de ce fatras de
misères, de ruses, de subtilités et d'inep-
ties qu'on voudroit nous faire respecter,
vous apprendrez à ne pas confondre les
vrais biens avec ceux qui n'en ont que l'apparence. Vous distinguerez les remèdes
véritables des palliatifs trompeurs. Vous
ressemblerez à ce pilote qui navigue sans
crainte et sans danger, parce qu'il connoît
tous les écueils et tous les ports de la mer
qu'il parcourt; il lit sa route dans un ciel
serein, et est instruit des signes qui annoncent le calme et la tempête.

## CHAPITRE II.

*Des vérités fondamentales auxquelles il faut s'attacher en étudiant l'Histoire.*

PREMIÈRE VÉRITÉ.

*De la nécessité des lois et des magistrats.*

Rien n'est plus aisé, en lisant l'histoire, que d'extraire des maximes pour le gouvernement des états ; mais si on fait ce travail sans observer une certaine méthode, on croira amasser des vérités, et on ne se chargera que d'erreurs. Gardez-vous, Monseigneur, de vous laisser tromper par des historiens qui, pour la plupart, ne connoissent ni la société, ni le cœur humain, ni la fin que la politique doit se proposer. Leur vanité est toujours prête à tourner leurs petites observations en axiômes généraux. Ils confondent tout, et ils attribuent la prospérité ou les malheurs d'un état à des minuties qu'on peut négliger sans danger, ou dont on s'occupera sans fruit. Toutes les vérités ne sont pas du même ordre; et si vous ne les arrangez soigneusement en différentes classes, suivant leur importance, si vous n'assignez pas à chacune d'elles le rang qui lui convient. Ces principes fondamentaux, qui sont vrais dans tous les temps et dans tous les lieux, parce qu'ils tiennent à la nature de notre cœur et de la société, si vous les confondez avec ces maximes moins importantes, qui ne sont vraies que dans quelques circonstances particulières, et relativement à telle ou telle forme du gouvernement, soyez sûr qu'avec cet amas de demi-vérités ou de vérités en désordres, vos opérations, toujours incertaines et louches, ne réussiront que par hasard et pour peu de temps.

Pendant plusieurs années, j'ai étudié l'histoire sans méthode et sans guide, et ce n'est qu'en échouant contre plusieurs écueils, que j'ai appris à les connoître. J'ai perdu beaucoup de temps; mais il n'appartenoit à personne, et mes erreurs n'ont fait aucun mal dans le monde. Qui n'est rien, peut se tromper sans péril. Il n'en est pas de même pour vous, Monseigneur, on est en droit de vous demander compte de tous vos momens. Les princes ont tant de devoirs à remplir, qu'ils n'ont pas un instant à perdre. Peut-être que le temps que vous mettriez à chercher la route que vous devez tenir, seroit un temps perdu, et vos sujets souffriroient un jour des fautes que vous auriez commises, en cherchant la vérité où elle n'est pas. Agréez donc l'hommage que je vous fais de quelques réflexions. Je ne vous les présenterois qu'en tremblant, si les personnes qui les mettront sous vos yeux, ne devoient pas vous faire remarquer les erreurs dans lesquelles je pourrois tomber.

La première vérité politique, et d'où découlent toutes les autres, c'est que la société ne peut exister sans lois et sans magistrats. Détruisez ce double lien qui unit les hommes, et ils rentrent sur le champ dans l'état de nature. Vous vous rappellez, Monseigneur, que vous n'avez vu dans aucune histoire que des peuples policés se soient passés de lois et de magistrats ; bien loin de-là, vous avez remarqué que les sauvages d'Afrique et d'Amérique, malgré leur ignorance et leur barbarie, ont senti la nécessité d'avoir des chefs et quelques coutumes qu'ils respectassent.

Pour vous convaincre de la vérité que je mets sous vos yeux, il suffit de vous étudier vous-même. Avec une médiocre attention, vous jugerez que vous n'êtes qu'un composé bisarre de passions et de raison, entre lesquelles il subsiste une guerre éternelle. Chaque passion ne voit, n'écoute, ne consulte que ses seuls intérêts, parce qu'elle est assez stupide pour espérer de trouver son bonheur en elle-même. Comme un tyran, elle s'indigne des obstacles qu'elle rencontre. Tandis que chacune de vos passions ne cherche à vous occuper que de vous-même, et voudroit vous sacrifier l'univers entier, votre raison vous dit quelquefois que vous devez être juste, c'est-à-dire, ne pas exiger des autres ce que vous ne voudriez pas qu'ils exigeassent de vous. Elle vous apprend que tous les hommes ont les mêmes besoins, et qu'étant égaux par leur nature, et destinés à se donner des secours mutuels, chaque individu doit ménager les intérêts de ses pareils, en travaillant à son bonheur particulier. Ce n'est pas tout ; convenez que votre raison, souvent assoupie et comme étrangère en vousmême, n'ose presque pas vous parler. Avouez, cet aveu vous fera honneur, avouez que dans les momens où vous êtes le plus maître de vous, elle ne vous parle que d'une manière timide et en bégayant ; au lieu que les passions, toujours adroites, vives et éloquentes, semblent exercer sur vous un empire magique.

Tempérez ici, Monseigneur, la vivacité de votre esprit; marchons lentement. Ce que je viens d'avoir l'honneur de vous dire, n'est qu'un texte que vous devez méditer avec soin. Je me suis contenté de vous mettre sur la voie ; étudiez par vous-même les mouvemens de vos passions : dans les momens où votre cœur sera le plus calme, interrogez votre raison, recueillez les oracles qu'elle prononcera, et comparez-les aux saillies imprudentes de votre cœur. Il faut que l'étude vous donne une certaine peine; et vous ne saurez bien que ce que vous aurez appris par vos propres méditations.

Dès que vous vous connoîtrez vous-même, vous serez bien avancé pour connoître tous les hommes; car il n'y a personne qui n'éprouve comme vous l'empire de quelque passion et les misères de l'humanité. Le levain est par-tout le même, quoique la fermentation ne soit pas partout égale. Nous sommes si accoutumés à nous préférer à tout, l'attrait du plaisir est si puissant sur nous, que ce n'est point sans des combats que les hommes les plus heureusement nés parviennent à se conduire par les règles de la raison, et pratiquent constamment la justice envers leurs pareils.

La première conséquence que vous tirerez de cette étude de vous-même, c'est que les hommes, toujours enfants par la foiblesse de leur raison et la force de leurs passions, et par conséquent toujours prêts à s'égarer, ont besoin d'avoir des lois. Le législateur est pour la société, ce qu'ont été pour vous les personnes sages, qui, en présidant à votre éducation, vous ont appris à régler les mouvemens de votre cœur, à contracter des habitudes honnêtes, et à défendre votre raison contre les secousses des passions. On vous a rendu facile la pratique de quelques vertus, en vous les rendant agréables; et c'est en cela que consiste tout l'art du législateur. Il nous arrache à nos vices, en leur infligeant des châtimens qui les rendent hideux, méprisables et dangereux. Il nous attache à la vertu par les récompenses dont il l'honore. C'est par cet artifice que notre raison acquiert une force égale à celle des passions, et que les passions mêmes nous encouragent à la pratique des vertus les plus difficiles.

Remarquez que l'établissement des lois en suppose nécessairement un autre : elles deviendroient inutiles, si des magistrats n'étoient chargés de les faire exécuter et de punir les coupables. En effet, que serviroit au législateur de nous prescrire les lois les plus sages, et de décerner les récompenses et les châtimens, avec la plus exacte justice, si des magistrats n'étoient pas établis pour les distribuer? Les passions conserveroient leur autorité, et les lois ne seroient que des conseils aussi inutiles que ceux de notre raison.

Erigez-vous, Monseigneur, en Lycurgue ou en Solon. Avant que de poursuivre la lecture de cet écrit, amusez-vous à donner des lois à quelque peuple sauvage d'Amérique ou d'Afrique. Etablissez dans des demeures fixes ces hommes errans, apprenez-leur à nourrir des troupeaux et à cultiver la terre. Travaillez à développer les qualités sociales que la nature a placées dans leur ame, et que l'ignorance et les préjugés y ont, pour ainsi dire, étouffées. Ordonnez-leur, en un mot, de commencer à pratiquer les devoirs de l'humanité. Sachez leur rendre leur devoir agréable et utile; empoisonnez par des châtimens les plaisirs que promettent les passions, et vous verrez ces barbares, à chaque article de votre législation, perdre un vice et prendre une vertu.

Ce travail, en apparence puéril, peut être pour vous de la plus grande utilité. Pour mieux sentir les vérités que je viens d'avoir l'honneur de vous proposer, essayez d'affranchir les sujets des états de votre père, des lois qui maintiennent parmi eux l'ordre, la police et la tranquillité publique. En détruisant les lois qui assurent la propriété des biens et la sureté des personnes, ôtez aux magistrats la dignité et la force qui les font respecter, et sur le champ les passions en tumulte et soulevées les unes contre les autres, ruineront de fond en comble toute espèce de règle, d'ordre et de subordination. Les mœurs deviendront atroces, et je ne désespère pas que vous ne parveniez en peu de temps à faire des Parmesans et des Plaisantins, un peuple plus sauvage que les Hurons et les Iroquois.

## CHAPITRE III.

### SECONDE VÉRITÉ.

*Que la justice ou l'injustice des lois est la première cause de tous les biens et de tous les maux de la société.*

Tous les peuples ont eu des lois; mais peu d'entre eux ont été heureux. Quelle en est la cause? C'est que les législateurs paroissent avoir presque toujours ignoré que l'objet de la société est d'unir les familles par un intérêt commun; afin qu'au lieu de se nuire, elles se prêtent des secours mutuels dans leurs besoins journaliers, et joignent leurs forces pour repousser, de concert, un ennemi étranger qui voudroit les troubler. Si telle est, comme on n'en peut douter, la fin de la société, j'en conclus, Monseigneur, que les lois doivent être justes; car leur injustice, loin de prévenir les injures, et les torts que les citoyens pourroient se faire, ne serviroit, au contraire, qu'à les autoriser. Les hommes, ou oppresseurs ou opprimés en vertu des lois, se trouveroient encore exposés dans la société, aux mêmes inconvéniens qu'ils éprouveroient dans l'état de nature. Ils se haïroient, ils se défieroient les uns des autres; ils ne seroient occupés qu'à se tromper et à se venger, et leurs divisions domestiques priveroient la république des forces qui sont le fruit de l'union.

A quel signe certain jugera-t-on de la justice des lois ? A leur impartialité. Je vais, Monseigneur, vous dire des vérités un peu dures pour l'oreille d'un prince; mais vous êtes sans doute préparé à les entendre; et, si vous voulez ne pas oublier que vous n'êtes qu'un homme, il est nécessaire que vous ne les ignoriez pas.

Puisque la nature n'a mis aucune différence entre ses enfans; puisqu'elle me donne, à moi comme à vous, le même droit à ses faveurs; puisque nous avons tous la même raison, les mêmes sens, les mêmes organes; puisqu'elle n'a point créé des maîtres, des sujets, des esclaves, des princes, des nobles, des roturiers, des riches, des pauvres ; comment les lois politiques, qui ne doivent être que le développement des lois naturelles, pourroient-elles établir sans danger une différence choquante et cruelle entre les hommes? Pourquoi la loi qui doit satisfaire la raison pour produire le bien, la révolteroit-elle sans produire le mal? Toute législation est partiale, et par conséquent injuste, qui sacrifie une partie des citoyens à l'autre. Elle n'établira qu'un faux ordre, un faux bien, une fausse paix : car, de quel œil des hommes, dont on blesse les intérêts, ne doivent-ils pas regarder ceux qui ne sont heureux qu'à leurs dépens? N'ayant et ne pouvant point avoir de patrie, ne forment-ils pas une troupe d'ennemis, ou du moins d'étrangers dans le sein de l'état? les esclaves des anciens devoient haïr leurs maîtres; aussi se soulevèrent-ils souvent. Parmi nous autres modernes, ne seroit-il pas insensé de s'attendre à trouver des citoyens dans ces hommes, à qui leur extrême pauvreté et les mépris des riches et des grands défendent d'être libres, et presque d'être hommes?

L'impartialité des lois consiste principalement en deux choses : à établir l'égalité dans la fortune et dans la dignité des citoyens. Je ne vous invite point ici, Monseigneur, à imaginer une république à laquelle vous ne donniez que des lois impartiales ; sans doute, vous en verriez résulter le plus grand bonheur. A mesure que vos loix établiroient une plus grande égalité, elles deviendroient plus chères à chaque citoyen. Elles seroient plus propres à tempérer les passions, à prêter des forces à la raison, et par conséquent à prévenir toute injustice. Comment l'avarice, l'ambition, la volupté, la paresse, l'oisiveté, l'envie, la haine, la jalousie, seules causes des malheurs et de la ruine des états, agiteroient-elles des hommes égaux en fortune et en dignité, et à qui les lois ne laisseroient pas même l'espérance de rompre l'égalité? Où les fortunes sont égales, l'amour des richesses est inconnu ; et où l'amour des richesses est inconnu, la tempérance et l'amour de la gloire et de la patrie doivent être des vertus communes. Où la dignité et l'honneur de l'humanité sont également respectés dans tous les hommes il doit régner un certain goût de justice, d'honneur et d'élévation, qui entretient la paix sans engourdir l'ame des citoyens. L'émulation y développera toutes les vertus, et l'amour du bien public ne permettra jamais aux talens d'être cachés ou de devenir dangereux. S'il s'élève des maladies dans l'état, elles ne seront que passagères : il sera aisé anx magistrats d'y appliquer un remède ; ou plutôt la force seule de sa constitution y rétablira l'ordre.

Voilà, Monseigneur, les biens que vous verriez naître en foule dans votre république ; mais sans entreprendre ce travail, je vous prie seulement de vous rappeler ce que vous avez déjà lu dans l'histoire ; et, en continuant de l'étudier, d'examiner avec soin, si les peuples dont les constitutions ont été les plus impartiales, n'ont pas été les plus forts, les plus florissans et les plus heureux.

Ce qu'on vous a dit de la république de Sparte doit vous donner de grandes lumières sur cette question. Aucun autre état n'a jamais eu des lois plus conformes à l'ordre de la nature ou de l'égalité ; aussi voyez-vous qu'aucun autre état n'a jamais conservé si long-temps ni si religieusement sa constitution. Si les Spartiates ont quelquefois été troublés par les alarmes que leur donnèrent les Ilotes, s'ils ont enfin perdu leurs institutions et leur bonheur ; il me semble que vous ne devez en accuser que ce reste d'anciens préjugés dont la sagesse de Lycurgue n'avoit pu débarrasser ses concitoyens. Violant, à l'égard des Ilotes, les règles de l'humanité qu'ils respectoient entr'eux, ils se virent forcés de craindre des hommes qui devoient les haïr; et leur joug devint de jour en jour plus pesant. L'immense intervalle qu'il y avoit entre le maître et l'esclave, préparoit l'esprit des Spartiates à admettre un jour des distinctions choquantes entre les citoyens mêmes. Qu'il a été malheureux pour Lacédémone, que Licurgue ait été contraint de violer la loi de l'égalité, en laissant à deux branches de la famille d'Hercule le droit de posséder héréditairement la première magistrature ! Pouvoit-on voir sans surprise que le mérite qui faisoit les sénateurs et les éphores, ne fit pas les rois qui leur étoient supérieurs?. La surprise devoit conduire au murmure, le murmure à la plainte, et la plainte à une révolution.

Remarquez, je vous prie, Monseigneur, que Lysandre n'auroit pas été un ennemi de sa patrie, s'il eût pu aspirer légitimement au trône qui étoit le partage d'une autre famille. Pour occuper une place où ses talens l'appeloient, mais dont une loi partiale lui fermoit l'entrée, son ambition n'eut d'autre ressource que de renverser le gouvernement et les lois. Il remplit la république de ses intrigues ; il y introduisit des richesses, avec lesquelles l'état ne pouvoit subsister; et bientôt Lacédémone, peuplée de citoyens mécontens de leur sort, et qui ne craignoient ni la servitude ni la tyrannie, commença à éprouver les malheurs qui annonçoient sa ruine.

Vous connoissez, Monseigneur, la situation des romains sous leurs rois. Vous savez que les familles étoient distinguées en patriciennes et en plébéïennes, et qu'aucune loi n'avoit mis des bornes à l'avarice ni à l'étendue des héritages. Les ames étant par conséquent ouvertes à la vanité et à l'intérêt, il n'est point surprenant que le bien public fût négligé, et que les romains n'eussent rien qui les distinguât avantageusement de leurs voisins. En effet, leur nom seroit demeuré inconnu comme celui de mille autres peuples, si la révolution des Tarquins, en leur donnant l'espérance de l'égalité, n'eût donné à chaque citoyen les sentimens d'un héros. Si cette élévation d'ame semble disparoître dans la république naissante, s'il éclate de nouveaux désordres, si le peuple abandonne sa patrie et se retire sur le Mont-Sacré, n'en accusez que la noblesse, dont l'orgueil ne peut souffrir l'égalité. Si elle avoit réussi dans ses projets, Rome infailliblement peuplée de citoyens énorgueillis par leur grandeur, ou avilis par leur bassesse, auroit été condamnée à languir dans l'esclavage et l'obscurité. C'est la noblesse, qui étoit l'ennemi de la république, et non pas le peuple. C'est en ramenant les lois à l'égalité prescrite par la nature, c'est en défendant avec constance la dignité des plébéïens, que les tribuns préparèrent et consommèrent la fortune de l'état.

Les querelles de la place publique deviennent moins vives, l'ordre s'établit, les talens se multiplient, les mœurs s'épurent, toutes les vertus et les lois prennent une nouvelle force. Remarquez, Monseigneur, que cet heureux changement est l'ouvrage de cet esprit d'égalité qui dicte déja aux romains des loix moins partiales. Pourquoi s'éleva-t-il enfin chez eux de nouvelles dissensions aussi funestes que les premières avoient été avantageuses? C'est que celles-ci avoient établi l'égalité, et que les autres la ruinèrent. La république, malheureusement emportée par son ambition et ses conquêtes, n'avoit pas apperçu qu'elle travailloit à sa perte. Elle ne sentit point que les lois agraires et somptuaires, si favorables à l'égalité des fortunes, ne pourroient se maintenir au milieu des richesses qui fondirent à Rome, quand elle eut porté ses armes victorieuses en Afrique et en Asie. Plus on s'enrichit, plus on sentit le besoin de s'enrichir encore davantage. La république avoit pillé les vaincus : les citoyens pillèrent la république. Tandis que les uns étoient riches comme des rois, les autres demandoient du pain et des spectacles. Plus les fortunes sont disproportionnées, plus les vices se multiplient. C'est de cette inégalité monstrueuse que découlèrent, comme de leur source, l'oubli ou plutôt le mépris des anciennes lois, les mœurs les plus infames, la perte de la liberté, les guerres civiles, les proscriptions publiées contre les hommes qui osoient avoir quelque mérite, et cette tyrannie stupide et sanguinaire des empereurs, qui ouvrit les provinces de l'empire à quelques hordes de barbares.

Parcourez toutes les histoires, et tous les faits vous prouveront que l'impartialité ou la partialité des lois a été la racine heureuse ou malheureuse de tous les biens, ou de tous les maux. Vous ne trouverez point de nation qui ait vu s'élever impunément au milieu d'elle des familles privilégiées par leurs droits ou par leurs richesses. Partout où l'égalité n'est pas respectée, la justice aura deux poids et deux mesures. Par-tout il se formera de ces patriciens orgueilleux qui trouvoient étrange que la nature eût daigné accorder à des plébéïens des poumons pour respirer, une bouche pour parler et des yeux pour voir.

Dès que vous en serez averti, Monseigneur, vous remarquerez sans peine que la politique ne se repaît que d'espérances chimériques, tant qu'elle se flatte de produire le bien sans établir des lois impartiales. Peut-être suspendra-t-elle pour quelques momens l'activité de l'avarice et de l'ambition; peut-être les forcera-t-elle à n'oser se montrer avec leur hardiesse ordinaire; mais alors même ces passions agiront en secret. Toujours infatigables, toujours inépuisables en ressources, elles lasseront la constance de la politique, et profiteront de ses distractions pour se rendre plus impérieuses que jamais. Quel peuple s'est corrigé de ses vices, si une heureuse révolution n'a commencé par lui donner le goût de l'égalité, et par abroger les lois injustes et partiales auxquelles il obéissoit?

Je n'abandonnerai pas aisément cette matière, Monseigneur; elle est trop importante; et pour que l'étude de l'histoire vous soit plus utile, je dois vous avertir que les historiens n'indiquent ordinairement que les causes prochaines de la prospérité ou de l'adversité des états. Par exemple, on vous dira que la discipline et le courage des romains, leur patience, leur justice envers les étrangers, leur magnanimité, leur amour de la patrie, leur désintéressement ont été les causes de leur élévation. Si vous vous en tenez-là, vous ne connoîtrez, si je puis parler ainsi, que les instrumens qui ont servi à faire la fortune de la république romaine. Pour acquérir une connoissance vraiment digne d'un prince qui doit être un jour le législateur de ses sujets, vous devez remonter jusqu'à la cause qui a elle-même produit le courage, l'amour de la patrie et les autres vertus des romains. Vous la trouverez cette cause primitive dans la justice et l'impartialité de leurs lois; et si vous ne la regardez pas un jour comme le principe fondamental de votre politique, tous vos soins seront inutiles pour donner des vertus à vos sujets. Ces plantes cultivées dans un terrain qui ne leur est pas favorable, auront de la peine à prendre racine et se flétriront en naissant.

On s'en prend à Sylla, à Marius, à César, à Pompée, à Octave et à Antoine, si la république romaine a été détruite. On a tort. Ces hommes auroient servi utilement leur patrie, qu'ils ont déchirée, si on avoit encore eu les lois et les mœurs qui firent des Camille et des Régulus.

En lisant dans l'histoire que les Grecs ont vaincu les Perses, parce qu'ils étoient aussi sages, aussi courageux, aussi habiles à la guerre que les autres étoient imprudens, lâches et peu disciplinés; recherchez les causes de cette différence, et vous apprendrez par quel art on peut faire encore de grands hommes. Les grecs aimoient leur patrie, parce qu'ils y étoient libres, et que la qualité d'aucun citoyen n'y étoit avilie. Ils avoient toutes les vertus et tous les talens qui leur étoient nécessaires, parce que des lois impartiales, en n'admettant des préférences que pour les vertus et les talens, les exaltoient tous, si je puis parler ainsi, et n'en perdoient aucun. Dans la Perse, au contraire, la naissance plaçoit au hasard sur le trône un homme à peine capable de remplir un emploi obscur. Cet homme ordinaire n'avoit, pour instrumens de ses desseins, que des courtisans, à qui leurs intrigues et leurs flatteries tenoient lieu de talens, et une populace accoutumée au mépris et aux injures, et persuadée que le mérite, toujours inutile, nuit quelquefois à la fortune.

Pour vous convaincre de plus en plus, Monseigneur, d'une vérité qui est si importante pour vous, je vous prie, quand vous trouverez dans le cours de vos lectures le règne d'un prince illustre par la félicité de sa nation ou par l'inportance de ses entreprises, je vous prie d'examiner avec soin si ce prince n'a pas constamment fait tous ses efforts pour se rapprocher dans son administration des principes de la justice et de l'impartialité. N'a-t-il pas commencé par se regarder plutôt comme l'agent que comme le maître de sa nation? Pour élever l'ame de ses sujets, n'a-t-il pas travaillé à leur donner de la dignité? N'a-t-il pas cherché à leur persuader que le mérite seul mettoit de la différence entre eux? Il aura jugé que ces lois barbares qui avilissent l'humanité, avilissoient et affoiblissoient son royaume. Il aura encouragé les vertus et les talens par les mêmes moyens qui font le bonheur des républiques bien gouvernées.

Je vous prie encore, Monseigneur, de jeter les yeux sur l'Europe, et vous verrez par vous-même que chaque état est plus ou moins heureux, à mesure que les lois se rapprochent plus ou moins de l'impartialité de la nature. Le paysan suédois est citoyen; il partage avec les autres ordres de la république la qualité de législateur. La Suède est-elle donc exposée aux mêmes injustices, aux mêmes vexations, à la même tyrannie que la Pologne, où tout ce qui n'est pas noble est barbarement sacrifié à la noblesse? L'anglais, soumis à des lois qui respectent les droits de l'humanité dans le dernier des hommes, porte-t-il l'ame abjecte et abrutie de ce turc, qui, ne sachant jamais quel sera le caprice du sultan et de son visir, ignore s'il est destiné à faire un bacha ou un palefrenier? Il doit y avoir autant de zèle en Angleterre pour le bien public, et par conséquent de talens, qu'il y a de découragement et d'ineptie dans les états du grand-seigneur. La Hollande, cultivée par des citoyens, et gouvernée par des lois encore plus impartiales, nourrit un peuple nombreux, et donne des bornes à la mer suspendue sur ses côtes. Dans les provinces d'un despote, ne cherchez que des friches, et des hommes couverts de haillons, qui abandonneroient leurs déserts s'ils savoient qu'il y a des terres qui ne dévorent pas leurs habitans.

Il y a certainement un plus grand nombre d'hommes heureux dans la Suisse, que dans tout le reste de l'Europe. Pourquoi ? parce que les lois, plus impartiales que par-tout ailleurs, y rapprochent davantage les hommes de l'égalité naturelle. Un citoyen n'est point là plus qu'un autre citoyen. On n'y craint que les lois, et on les aime, parce qu'on en est protégé. Est-on puissant? c'est parce qu'on est magistrat, et la puissance du magistrat a ses bornes. Des fortunes ni trop grandes ni trop petites, n'inspirent ni l'esprit de tyrannie ni l'esprit de servitude. De sages lois somptuaires, en rendant inutiles de grandes richesses, empêchent de les desirer, et tempèrent toutes les passions. C'est cette sage économie qui entretient l'union et la paix entre des cantons inégaux en force et qui ont des gouvernemens différens. Ils sont voisins, et cependant ils sont sans jalousie, sans rivalité et sans haine. L'aristocratie même de quelques cantons n'a pas les vices naturels à ce gouvernement. Les sujets obéissent sans chagrin et sans humiliation à des souverains, qui, se contentant d'être des bourgeois simples, peu riches et économes comme eux, cachent qu'ils forment un ordre privilégié.

Puisqu'on ne peut attendre un avantage solide, réel et durable que des lois qui sont conformes aux règles de la nature; puisque tout gouvernement qui les offense, détruit l'ordre social, et y substitue le trouble et la division des citoyens; faut-il, Monseigneur, vous dépouiller de votre qualité de prince? Faut-il anéantir les prérogatives de la noblesse, et rendre au peuple les droits imprescriptibles que la nature lui a donnés? Faut-il détruire les grandes fortunes, et par un nouveau partage des terres donner un patrimoine aux pauvres? Non. Mais modérez votre impatience, et contentez-vous de connoître actuellement les lois que la politique n'a pu violer impunément. Nous rechercherons dans la suite de cet ouvrage les moyens par lesquels elle peut réparer ses injustices, et, malgré la corruption générale, se rapprocher du bonheur.

## CHAPITRE IV.

### TROISIÈME VÉRITÉ.

*Que le citoyen doit obéir aux magistrats et les magistrats aux lois.*

La société a-t-elle des lois impartiales ? c'est certainement un grand bonheur. Mais après les réflexions que vous avez faites, Monseigneur, sur la force et les erreurs de nos passions, et sur le besoin qu'ont les lois d'être défendues et protégées par les magistrats, vous jugerez que ce bonheur sera bien court, si les lois n'ont pas pour défenseurs des magistrats assez forts pour contraindre le citoyen d'y obéir, et en même tems assez foibles pour ne point oser eux-mêmes en secouer le joug. La politique n'a point d'opération aussi délicate et aussi difficile que l'établissement des magistratures. N'ayant que des hommes pour les revêtir d'une autorité qui peut devenir aussi funeste qu'elle peut être salutaire, et qui exigeroit la sagesse d'un Dieu, dans quelles balances pesera-t-on ce pouvoir qu'on doit confier aux magistrats?

Si le citoyen peut désobéir impunément aux magistrats, ne doutez point qu'il ne viole bientôt les lois mêmes qui lui paroîtront les plus sages. Quelques ames privilégiées, immobiles dans le choc des passions, que la règle ne gêne jamais, et pénétrées de respect pour la justice, n'empêcheront pas, par leur exemple, le mal public; et l'état plus ou moins troublé, suivant que la licence des citoyens sera plus ou moins grande, penchera plus ou moins vers l'anarchie. Si les passions des magistrats ne sont pas au contraire elles-mêmes réprimées avec soin, pendant qu'ils répriment celles des citoyens, on n'a fui un écueil que pour échouer contre un autre; de Charybde on est tombé dans Scylla. Les passions de la multitude gouvernoient la république; celles des magistrats vont décider de son sort. La licence des particuliers commettoit des désordres dont ils se seroient peut-être lassés; car le peuple entend quelquefois raison : la licence des magistrats en commettra qu'ils seront intéressés à maintenir. Quelque grand que soit leur pouvoir, ils le trouveront toujours trop petit dès qu'ils commenceront d'en abuser. Il s'établira une tyrannie sourde, et d'autant plus dangereuse qu'elle sera soutenue par la dignité même des lois.

C'est de la difficulté de saisir avec force et précision ce point politique où les citoyens seront obligés d'obéir aux magistrats, tandis que les magistrats demeureront eux-mêmes soumis aux lois, que sont nées ces dissentions domestiques, ces querelles et ces révoltes que vous avez rencontrées dans toutes les histoires? La plupart des historiens vous ont dit, Monseigneur, que c'est inconstance, emportement et légèreté de la part de la multitude : cet animal qu'on n'apprivoise point, court toujours après les nouveautés. Mais dans la vérité cette agitation des peuples n'est que l'inquiétude d'un malade qui prend sans cesse de nouvelles attitudes, parce qu'il n'en trouve aucune qui le soulage. Le peuple ne se plaint qu'à la dernière extrémité; il pardonne plus aisément qu'il ne se venge; il n'est ni volage ni emporté quand il est heureux. Le bonheur le rend presque aussi immobile que la crainte inspirée par un despote qui joint l'adresse à la dureté.

Les sociétés, en se formant, ne donnèrent certainement pas un pouvoir arbitraire à leurs magistrats; et si vous voulez vous arrêter un moment, Monseigneur, à considérer comment les hommes se sont réunis pour former des républiques, vous jugerez de la justice des reproches qu'on fait au peuple.

Il seroit trop absurde de penser que des hommes qui n'avoient pas encore une idée claire et précise du bien qu'ils cherchoient en se réunissant, et gouvernés par des passions brutales, aient passé brusquement de la plus grande indépendance à la soumission la plus entière. Croira-t-on que, dans ces sociétés naissantes, il y ait eu des contrats ou des conventions entre les citoyens et les magistrats? Non, sans doute. Des hommes égaux, et qui avoient les mêmes droits, se rapprochoient les uns des autres, parce que leurs qualités sociales et leur foiblesse les avertissoient du besoin de s'unir;

mais ils ne faisoient point de lois pour fixer leurs droits respectifs, parce qu'ils ne pouvoient pas même soupçonner qu'ils dussent craindre de perdre leur liberté. Ils se choisissoient un chef, tel qu'ils le jugeoient le plus propre à leurs besoins; et tant que ses conseils ou, si l'on veut, ses ordres leur étoient agréables, ils lui obéissoient sans se croire inférieurs à lui. Ils retiroient leur confiance et le déposoient sans trouble, dès que son autorité leur étoit inutile ou nuisible ; et vraisemblablement la société n'eut point d'autre règle de conduite pendant plusieurs siècles.

Si l'histoire nous représente les premiers rois de Babylone et d'Assyrie, dont elle parle, comme des monarques absolus dont la volonté faisoit la loi ; il est évident, que ces empires étoient déjà trop étendus, et avoient fait de trop grands progrès dans les arts même inutiles, pour n'être pas déjà très-anciens.

Il ne faut pas douter que ces premiers princes que nous connoissons, n'aient eu des prédécesseurs qui nous sont inconnus, et qui ne furent d'abord que les simples capitaines d'une nation libre. Ils devoient ressembler aux rois de la Grèce dans les temps héroïques, ou à ces chefs des nations germaniques qui inondèrent l'empire romain. Tels sont encore en Amérique les chefs de ces peuples sauvages qui nous retracent si bien l'image de la société naissante.

Il fallut avoir de nouveaux besoins et de nouveaux intérêts pour prendre de nouvelles idées; et pour qu'il s'élevât des dissentions domestiques entre les magistrats et les citoyens, la société devoit avoir fait assez de progrès, pour que l'avantage d'y dominer pût faire naître l'ambition. Seroit-il naturel de penser que dans ces circonstances le peuple ait commencé à montrer de l'inquiétude et à s'agiter ? N'est-il pas plus vraisemblable que les magistrats, fiers de leur dignité, aient abusé les premiers de leur crédit ? Ils oublièrent leur destination ; ils trompèrent le peuple, surprirent sa crédulité, et lui proposèrent des réglemens ou autorisèrent des usages moins propres à établir l'obéissance du citoyen à la loi qu'à la volonté du magistrat. Les sociétés qui n'avoient eu jusqu'alors que des ennemis étrangers, eurent dans leur sein des ennemis domestiques.

Daignez vous rappeller, Monseigneur, ce que vous avez vu dans le cours de vos lectures historiques. Tantôt le peuple, lassé de ses désordres, indigné de n'avoir que des lois impuissantes, et frappé de la seule idée d'arrêter les abus, croit ne pouvoir jamais accorder une assez grande autorité à ses magistrats. Tantôt choqué de l'usage injuste ou trop sévère que les ministres des lois font de leur pouvoir, toute contrainte lui paroît l'ouvrage de la tyrannie; et, pour être libre, il soumet ses magistrats à ses caprices. Ne réparant une faute que par une faute, les états continuèrent à être malheureux; et Minos fut le premier qui, voulant remédier efficacement aux désordres des Crétois, trouva dans ses méditations cette grande vérité, que le citoyen doit obéir aux magistrats et les magistrats aux lois. Par quel art pouvoit-on la réduire en pratique ? Jamais problême politique ne fut plus difficile à résoudre, et jamais établissement ne devoit produire un plus grand bien.

Ce que Minos n'avoit qu'ébauché en Crète, Lycurgue le perfectionna à Lacédémone. Trouvant la puissance publique partagée en différentes parties, ennemies les unes des autres, et qui toutes vouloient usurper de nouveaux droits, il ne fit qu'un seul gouvernement des trois autorités, du prince, des grands et du peuple, qui formoient, si je puis parler ainsi, trois administrations, trois gouvernemens différens, d'où résultoit la plus monstrueuse anarchie. Il donna au peuple la puissance souveraine ou législative, c'est-à-dire, le pouvoir de faire des lois et de décider des affaires générales qui intéressoient le corps entier de la république, telles que la paix, la guerre et les alliances. En même temps qu'il affermissoit la démocratie, il mit les citoyens législateurs dans la nécessité d'obéir aux lois qu'ils avoient faites. La loi acquit une force infinie sur chaque spartiate en particulier, parce que l'assemblée générale de la république n'avoit aucune part à la puissance exécutrice, qui étoit déposée toute entière dans les mains des deux rois et du sénat.

De son côté la puissance exécutrice ne pouvoit rien usurper sur les droits de la puissance législative, et restoit soumise aux lois qu'elle étoit chargée de faire exécuter, parce que les magistrats avoient un juge toujours présent dans les assemblées du peuple. Ils ordonnoient en maîtres, et on leur obéissoit; mais ils étoient punis, si en ordonnant ils n'avoient pas été les simples ministres de la loi. Il n'étoit pas possible qu'ils fissent une ligue entr'eux et changeassent le gouvernement en oligarchie; car il ne leur étoit pas possible de former de concert une conjuration contre la république. Il est vrai que les deux rois, étant héréditaires, devoient naturellement s'occuper de la grandeur de leur maison et travailler à augmenter leurs prérogatives; mais remarquez, Monseigneur, que Sparte étoit plus en sûreté avec ses deux rois, que si elle n'en avoit eu qu'un. La nature ne devoit leur donner que rarement le même caractère, les mêmes talens, les mêmes qualités. L'avarice et l'ambition de l'un contenoient l'avarice et l'ambition de l'autre; ou plutôt ces passions qui, grâces à l'austérité de la discipline et des mœurs des spartiates, n'avoient aucun moyen ni aucune espérance de se satisfaire, n'étoient, pour ainsi dire, que des passions mortes. Quand elles auroient eu quelqu'activité, le sénat ne les auroit-il pas aisément réprimées? Si ce corps auguste de magistrats se tenoit dans les bornes légitimes de son autorité, il étoit plus puissant que les rois, et il n'avoit aucun intérêt d'être ambitieux. Le sénat n'étoit point ouvert à des familles privilégiées; tout spartiate pouvoit être fait sénateur, et n'étant élevé que par le choix d'un peuple aussi vertueux que jaloux de ses droits, jamais ses intérêts personnels ne pouvoient être différens des intérêts de la république.

Les romains sans législateurs, et dirigés par la sagesse seule de leur génie, parvinrent à former un pareil gouvernement. Vous connoissez, Monseigneur, toutes leurs magistratures, et je me bornerai à vous faire observer que le partage de la puissance exécutrice en différentes parties étoit fait avec tant de sagesse, que sans s'embarrasser et se nuire en dépendant les unes des autres, elles tendoient toutes au même but par des moyens différens. L'ambition du magistrat consistoit à remplir si bien ses devoirs, qu'il méritât une seconde fois les suffrages de la place publique. En un mot, l'équilibre de toutes les autorités étoit d'autant mieux affermi, que les magistratures étoient courtes et passagères.

Quel que soit le partage de la puissance publique, vous concevez aisément, Monseigneur, qu'il ne peut qu'être utile; car quel qu'il soit, il est impossible qu'il ne tempère pas jusqu'à un certain point ces gouvernemens extrêmes, tels que la monarchie arbitraire, l'aristocratie absolue et la pure démocratie, qui par leur nature ne peuvent avoir des lois impartiales, et n'ont que leurs passions pour les ministres de leur autorité.

Il y a des marques certaines pour juger de la justesse des proportions avec lesquelles doit se faire le partage de la puissance publique. Si vous lisez, Monseigneur, avec attention l'histoire des peuples anciens et modernes qui ont eu un gouvernement mixte, vous verrez constamment que ceux qui en ont retiré le plus grand avantage; ce sont ceux qui ont abandonné la puissance législative au corps entier de la nation et confié la puissance exécutrice à un plus grand nombre de magistrats. Si un seul ordre de la république fait les lois, doit-on espérer qu'il sera juste à l'égard des autres? Si le nombre des magistrats est trop borné, suffiront-ils à leur emploi ? L'expérience de tous les temps vous apprendra encore qu'on ne peut séparer avec trop de soin la puissance législative de la puissance exécutrice. Par quel miracle la loi seroit-elle toute puissante, si le législateur qui la publie, est lui-même le magistrat qui la fait observer ? C'est pour n'avoir pas fait cette séparation nécessaire, que toutes les républiques de la Grèce, à l'exception de Lacédémone, ne firent que de vains efforts pour former un gouvernement qui réunit les avantages du gouvernement populaire et de l'aristocratie. Dans les unes , le peuple législateur qui s'étoit réservé le droit de juger les jugemens de ses magistrats, de réformer leurs sentences, et d'annuller leurs décrets, n'avoit en effet point de magistrats, et faisoit inutilement des lois. Dans les autres, les magistrats ayant trop de part à la législation, exerçoient sur le corps entier du peuple, le pouvoir qu'ils ne devoient exercer que sur chaque citoyen en particulier ; et dès-lors leurs passions trop libres n'étoient plus soumises aux lois.

On peut établir une barrière de séparation entre la puissance législative et la puissance exécutrice ; mais elle sera bientôt renversée, si les assemblées de la nation sont trop fréquentes ou trop rares. Les peuples de l'Europe semblent, à cet égard, se conduire aujourd'hui avec plus de sagesse que les anciens. Si le peuple tient des assemblées trop fréquentes, il sera nécessairement plus difficile de le conduire. Il s'accoutumera à moins respecter les magistrats, et ses passions acquerront trop de force et de crédit. Les occasions de faire de nouvelles lois étant rares, il arrivera que ce peuple désœuvré et inquiet se formera un tribunal, s'érigera lui-même en magistrat pour avoir des clients ; et dès ce moment tout est perdu. La république ne conservera aucune loi, aucune jurisprudence, aucune forme, aucun principe, aucun génie certain; et mille décrets contraires serviront de prétexte, de titre et d'aliment à la tyrannie des peuples.

Les assemblées de la puissance législative sont elles trop rares? les magistrats, éblouis de leur pouvoir, croiront ne plus avoir de juges. Ils se livreront à leur ambition, ils formeront des cabales; leurs intrigues semeront la corruption; et la nation assemblée n'ayant plus assez de force pour réprimer des abus et des vices qui auront acquis par l'habitude un certain empire, elle se trouvera les mains liées; et fatiguée des efforts qu'elle aura faits pour réparer une partie de ses maux, elle désespérera enfin de les guérir. S'il est possible, que les assemblées législatives se tiennent régulièrement tous les ans, dans des temps et des lieux marqués; mais sur-tout qu'une nation ne soit jamais séparée plus de trois ans de suite : elle s'accoutumeroit à s'oublier.

En méditant l'histoire, vous remarquerez, Monseigneur, que si ces assemblées n'ont pas des magistrats particuliers et distingués des magistrats ordinaires, l'ordre naturel des choses sera renversé; et que la puissance législative, qui ne doit rien avoir de supérieur ni même d'égal, sera cependant subordonnée à des magistrats qu'elle a droit de juger et de punir. Ne doit-il pas en résulter plusieurs inconvéniens? Qu'il soit permis aux magistrats ordinaires de faire des représentations et des remontrances; mais que les magistrats des comices et les représentans de la nation puissent seuls proposer des lois. Ce droit leur appartient, et ne sera pas dangereux; parce qu'ils ne sont point chargés de faire exécuter les lois, et que, leur pouvoir expirant quand ils se séparent, ils sont seuls véritablement attachés à la liberté de la nation. Que les magistrats ordinaires, semblables à Valérius Publicola, qui, par respect pour la majesté du peuple romain, fit baisser ses faisceaux en entrant dans la place publique, ne paroissent aux assemblées que comme de simples citoyens qui viennent apprendre ce qu'on leur ordonne d'observer et de faire observer.

Avec quelqu'empire que les magistrats

commandent aux citoyens, jamais leur autorité ne sera dangereuse, s'ils doivent rendre compte de leur administration, s'ils sont choisis par le peuple, et sur-tout s'ils ne possèdent que des magistratures courtes et passagères, qui ne leur donneront pas des intérêts distingués de ceux de la république. Voulez-vous qu'ils aient une vigilance éclairée, courageuse et toujours égale? que le prix du bien qu'ils auront fait, soit l'espérance de pouvoir, après quelques années de repos, être encore revêtus de la même dignité? Qu'il ne soit jamais permis de continuer un magistrat dans ses fonctions, quand le temps de sa magistrature est expiré. Cette règle ne doit souffrir aucune exception; il ne faut pas même y déroger en faveur d'un Aristide, d'un Thémistocle, d'un Camille ou d'un Scipion. L'histoire vous apprendra, Monseigneur, que l'intrigue, la cabale et l'esprit de parti n'ont jamais manqué de profiter des honneurs extraordinaires qu'on a accordés à quelques grands hommes.

La puissance exécutrice doit être partagée en autant de branches différentes que la société a de besoins différens. Les romains eurent des consuls, des censeurs, des préteurs, des édiles, des questeurs, des pontifes, des tribuns, un sénat, et quelquefois un dictateur. Que le partage de la puissance entre les magistratures ne soit jamais fait avec assez peu d'art, pour que l'une soit un obstacle aux opérations de l'autre. Rien n'est plus dangereux dans un état que des magistrats qui ont des prétentions indécises et opposées, ou qui ne connoissent ni l'étendue ni les bornes de leur autorité et de leur devoir. Un autre mal qui n'est peut-être pas moins grand, c'est de voir dans une république des magistrats inutiles. C'est parce qu'ils n'ont rien à faire qu'ils veulent se mêler de tout; leur inquiétude n'est propre qu'à embarrasser et gêner les ressorts du gouvernement. Imitez la prudence des romains qui dans les affaires extraordinaires créoient des décemvirs ou des magistrats dont le pouvoir finissoit avec la commission dont ils étoient chargés.

Je passe rapidement, Monseigneur, sur les moyens que la politique peut employer pour soumettre les magistrats à l'empire des lois. J'aurai occasion de traiter cette matière avec plus d'étendue, lorsque, dans la seconde partie de cet écrit, j'aurai l'honneur de mettre sous vos yeux un examen des principaux gouvernemens de l'Europe. Mais avant que de finir ce chapitre, je dois vous avertir de vous tenir en garde contre ces historiens timides qui, ne connoissant ni l'homme ni la société, ne voient la paix et l'ordre qu'où ils voient un calme stupide. Si vous les en croyez, jamais le magistrat ne sera assez puissant, jamais le peuple ne sera assez accablé et assez soumis. Leur politique enseigne la tyrannie, et au lieu de gouverner par les lois, ils veulent étonner par des coups d'état. Défiez-vous de ces espèces de romanciers qui, pour intéresser et attacher leurs lecteurs, se plaisent à jeter l'alarme dans leur esprit, et leur présentent par-tout des précipices. Pour vous, Monseigneur, ne vous laissez jamais effrayer par ces peintures puériles. Les débats ordinaires dans les gouvernemens mixtes, loin de les ébranler, en affermissent la constitution. Ils prouvent la liberté d'un état, et, si je puis parler ainsi, la force de son tempérament. Un calme profond est, au contraire, l'avant-coureur de la décadence. C'est la preuve que les mœurs se corrompent, que la patrie, la liberté et le bien public ne sont plus des objets assez intéressans pour remuer les esprits, et que les citoyens sont enchaînés par la crainte, ou vendus à la faveur et à l'avarice.

## CHAPITRE V.

#### QUATRIÈME VÉRITÉ.

*Qu'il faut se précautionner contre les passions des étrangers.*

Si chaque nation, séparée de toutes les autres, ne devoit être occupée que d'elle-même ; si des mers impraticables ou de vastes déserts coupoient toute communication entr'elles, la politique presque toute entière se borneroit à ce que je viens de dire de l'impartialité des lois et de l'autorité des magistrats. Mais il n'en a pas été ordonné ainsi, Monseigneur ; et sans parler de l'art des navigateurs qui semble, au contraire, avoir rapproché tous les peuples pour multiplier, mêler, confondre et embrouiller leurs intérêts et leurs affaires, les continens des deux mondes sont trop vastes pour ne renfermer qu'une seule société. Des peuples libres, indépendans et liés entre eux par les seuls devoirs de l'humanité et les droits des nations, sont voisins, se touchent, et semblent se confondre sur leurs frontières. Vous devez conclure de-là qu'il ne suffit pas à un état de se précautionner contre ses propres passions; il ne doit pas moins se défier de celles des étrangers.

Les nations, dit Cicéron, devroient ne se regarder que comme les différens quartiers d'une même cité. La nature a établi une société générale entre tous les hommes; les états se doivent les mêmes devoirs que les familles réunies sous un même gouvernement. Notre raison nous tient ce langage; mais nos passions en tiennent un tout différent; et il n'est que trop vrai que tous les peuples tendent à se corrompre et à se ruiner mutuellement. Le commerce qui les unit, ne sert qu'à rendre plus facile la communication de leurs vices; une rivalité odieuse les divise, et souvent ils se déchirent par des guerres cruelles. Tel est le tableau que présente l'histoire; et il n'aura rien d'étonnant pour vous, Monseigneur, si vous ne perdez pas de vue cet empire absolu avec lequel les passions gouvernent les hommes.

Il est évident que l'avarice, l'ambition et la haine ont allumé toutes les guerres qui ont déjà fait périr tant de peuples, et qui changeront encore mille fois la face du monde. C'est donc contre ces passions que la politique doit se prémunir ; et l'histoire lui en apprendra les moyens les plus sûrs.

Voulez-vous ne pas craindre l'avarice des étrangers ? commencez vous-même par ne pas croire que vous ne serez heureux qu'autant que vous serez riche. Suivez le conseil que Lycurgue donnoit aux spartiates, et que Platon a répété dans ses écrits. Que vos richesses ne soient pas capables de tenter la cupidité de vos voisins. On craindra toujours d'offenser un peuple pauvre et qui est content de sa pauvreté. Je vous supplie, Monseigneur, de suspendre un moment votre lecture, et de rechercher par quelles causes les nations riches ont toujours été vaincues et subjuguées par les nations pauvres. Les cantons Suisses sont beaucoup moins riches que les Provinces-Unies, et voilà pourquoi ils ont beaucoup moins d'envieux, de rivaux et d'ennemis.

Les bourgeois de Berne ont-ils bien songé à ce qu'ils faisoient, s'il est vrai qu'ils amassent un trésor dans leur ville ? c'est la boëte de Pandore apportée parmi eux. Il n'est pas question d'examiner ici les ravages que cet or accumulé produiroit chez eux, si des mains infidelles le pilloient ; que ces richesses, si elles existent, soient toujours enfouies. Mais il peut arriver une circonstance où l'espérance de les piller exaltera assez les passions pour déranger l'heureuse harmonie qui règne entre les familles souveraines et les familles sujettes. Ce trésor, en excitant l'envie et l'avarice, peut exposer les Bernois à devenir la proie d'un ravisseur étranger, ou du moins à soutenir une guerre dangereuse.

Qu'un état se garde d'acheter la paix, comme ont fait les empereurs romains et tant d'autres princes aussi lâches qu'eux. Donner de l'or à ses ennemis pour les éloigner de ses frontières, c'est les appeller dans le cœur de ses provinces. Je ne vois pas que les peuples qui ont médité et exécuté de grandes choses, aient payé, à prix d'argent, les services de leurs alliés. Ce commerce, commun aujourd'hui en Europe, est une preuve de foiblesse, d'avarice et de mauvais gouvernement. Pourquoi ne faire qu'un vil trafic de l'amitié, qui ne doit pas être entre les états moins sacrée ni moins fondée sur l'estime qu'entre les particuliers? Qui sait se faire respecter par sa fidélité, sa justice, sa prudence et son courage, n'aura jamais besoin d'acheter des amis. L'état qui manque de ces qualités, n'y suppléera point par sa libéralité. En achetant des alliés, il leur apprendra à mettre leurs services à l'enchère. Ils le rançonneront, ils le serviront mal, ils le trahiront même, si quelque puissance les paie pour être des traîtres. Les romains n'ont eu notre politique que quand leur décadence annonçoit leur ruine.

Pour imposer à l'ambition, il faut l'intimider. Doit-on donc affecter de l'orgueil, vouloir dominer chez ses voisins, prendre des airs insolens et menaçans de hauteur, se faire un point d'honneur de ne point reculer quand on a tort, et se targuer de ses forces? Non. L'expérience de tous les siècles vous apprend que par cette conduite on révolte plus qu'on n'intimide, et que pour contenir l'ambition on allumeroit la haine : passion, par sa nature, plus inconsidérée, plus aveugle, plus hardie et plus entreprenante que l'autre. Il faut avoir des forces : mais pour les rendre plus considérables, il ne faut offenser ni menacer personne ; il faut montrer qu'on peut attaquer, mais se tenir sur la défensive. C'est par cette conduite savante et modérée que la politique évite la haine des étrangers, et s'en fait respecter en contenant leur ambition. Si vous voulez conserver la paix, soyez toujours prêt à faire la guerre avec avantage : maxime usée dans les livres, et inconnue dans la pratique.

Que la paix ne vous plaise pas, parce qu'elle est compagne de la mollesse, des plaisirs et de l'oisiveté, car vos citoyens ne seroient que des lâches, mais parce qu'elle est l'état naturel de l'homme, et le seul conforme à la justice et à la nature d'un être raisonnable, et vous aurez l'ame élevée. Si un peuple s'accoutume à juger des forces par le nombre de ses bras et de ses forteresses, c'est une preuve qu'il néglige la discipline, qu'il n'en connoît pas le prix, et qu'il a peu de vertus militaires. Pour suppléer à ce qui lui manque, il assemblera bientôt des armées innombrables; mais ce seront les armées de Xercès et de Darius destinées à être battues par des poignées de grecs ou de macédoniens disciplinés.

Il faut qu'on ne puisse attaquer un état, sans craindre de s'exposer au ressentiment de ses alliés ; il doit donc leur être sincèrement et fidellement attaché. Si vous voulez que vos alliances soient solides , commencez par penser que les intérêts de vos alliés sont les vôtres, et n'en attendez jamais que ce que vous devez en attendre. Etudiez le caractère, le génie, les mœurs, les vertus, les vices, les forces , la foiblesse des peuples qui peuvent vous servir, ou que vous devez craindre. Connoissez la nature, les caprices et les erreurs des passions humaines , pour vous mettre en état de les ménager ou de vous en servir. Ne confondez jamais vos alliés et vos ennemis naturels ; ne craignez jamais de trop bien servir les premiers, et ménagez les seconds, mais sans bassesse et sans cesser de vous en défier. Dans toute l'Europe, les traités ne sont, depuis long-temps, qu'un jeu : on diroit que les peuples ne se rapprochent que pour se tendre des piéges; et il est rare que des alliés ne se reprochent pas des négligences et même des perfidies. Pourquoi ? C'est que l'on contracte presque toujours sans savoir précisément ce qu'on veut; c'est qu'une ambition puérile, des espérances frivoles ou une haine aveugle dressent souvent les articles des alliances ; c'est qu'on ne veut que sortir d'un mauvais pas, et qu'au lieu de porter sa vue dans l'avenir et d'être occupé de ses intérêts généraux, qui ne changent jamais, on ne songe qu'au moment présent : que le principe et la fin de toute alliance soit donc la seule conservation des alliés. Je ne m'arrête pas, Monseigneur, sur ces objets importans ; je les ai traités ailleurs, et je vous prie de me permettre de vous renvoyer aux *Entretiens de Phocion* et aux *Principes des négociations.*

La haine n'est qu'une passion destructive des états, quand, étant convertie en habitude par une longue suite d'injures faites ou reçues, deux nations se sont fait un principe de se regarder comme ennemies. Alors la politique ne juge plus de ses intérêts que par ses préjugés ; et elle fait la double faute de se livrer à ses passions et de s'exposer à celles des étrangers. Il est aisé, à la naissance des premiers différends, de prévenir la haine. Pourquoi ne pas consulter alors la justice ? J'aurai tort, si on peut me citer un peuple qui se soit mal trouvé d'avoir été juste. Quand la haine est une fois formée, pourquoi la nourrir, au lieu de l'éteindre ? est-il si doux de faire du mal à ses ennemis, qu'il doive paroître avantageux d'ébranler sa constitution et de s'exposer à périr, en les rendant plus entreprenans, plus audacieux et plus implacables ? Cessez de haïr par un effort de politique, et vous parviendrez enfin à vous faire aimer.

L'histoire prouve par mille exemples, qu'un peuple ne mérite point la haine d'un autre peuple, sans se rendre suspect à tous ses voisins ; et bientôt il excitera une indignation générale. Par combien d'actes de justice, de modération et de générosité les

spartiates ne furent-ils pas obligés de faire
oublier la cruauté avec laquelle ils traitè-
rent les Messéniens ? La haine envenimée
qu'ils montrèrent contre Athènes, à la fin
de la guerre du Péloponèse, ne souleva-t-elle
pas toute la Grèce contre eux ; et cette
haine ne ruina-t-elle pas leur république ?
L'histoire de la grandeur et de la décadence des romains met encore cette vérité
dans un plus grand jour. Tant que ce peuple
attaché aux règles de la justice, fit la guerre
avec générosité et la paix sans abuser de
ses avantages, une foule d'alliés s'empressa
de contribuer à ses succès. Ses ennemis,
réduits à leurs seules forces, n'avoient point
cette confiance, cet acharnement ou ce désespoir que la haine inspire, et qui étoient
nécessaires, pour suspendre et arrêter la
fortune des romains. A peine la république, corrompue par une trop grande prospérité, commence-t-elle à se rendre sus-
pecte, qu'elle paroît moins puissante, quoiqu'elle ait entre les mains toutes les forces
de l'univers. Son avarice et sa cruauté la
rendent odieuse, et son empire est ébranlé.
Les nations consternées et à moitié assu-

jetties trouvent des ressources dans leur haine, et parviennent à ruiner leurs vainqueurs.

Ce n'est pas contre ces trois passions seulement que la politique doit se précautionner. Ce ne sont pas toujours des ennemis armés qu'un état doit le plus redouter; c'est souvent ses propres amis qu'il est plus sage de craindre. Lycurgue ne l'ignoroit pas : aussi sa loi, appelée la *Xénélasie*, ne permettoit-elle aux lacédémoniens de sortir de chez eux que pour exécuter quelque commission de la république. Quand ils étoient obligés de recevoir quelqu'étranger, cette loi ordonnoit de lui donner un *proxène,* sorte d'inspecteur, qui éclairoit sa conduite, et l'obligeoit à cacher ses vices.

Des voisins qui, par leur commerce, nous communiquent leur oisiveté, leur mollesse, leur faste, leur luxe et leur avarice, sont plus redoutables que des armées qui ravagent nos campagnes. Des soldats qui nous pillent, donnent de l'indignation, et l'indignation tend les ressorts de notre ame; mais des amis qui nous corrompent, nous anéantissent en effet. Une armée étrangère dans le cœur de la Suisse lui feroit-elle plus de mal que les mœurs de leurs voisins ? Cynéas, avec la doctrine empoisonnée d'Epicure, étoit plus dangereux pour les romains que Pyrrhus.

Quoique j'aie déja pris la liberté de vous conseiller, Monseigneur, la lecture des *Entretiens de Phocion*, et qu'ainsi je puisse me dispenser de faire voir ici par quels liens étroits la morale et la politique sont unies, je ne puis m'empêcher de remettre encore sous vos yeux quelques vérités qu'on ne peut trop répéter aux princes, et que la politique moderne s'obstine à regarder comme des erreurs.

Les anciens pensoient que la morale est la base de la politique ; que sans les mœurs, c'est-à-dire, sans le mépris des richesses, la tempérance, l'amour du travail et de la médiocrité, les lois s'écroulent et le bonheur fuit loin des républiques. Cette doctrine est consignée dans tous leurs écrits. Que disent au contraire les institutions de la plupart des peuples de l'Europe ? Lisez, si vous le pouvez, ces ouvrages sans nombre que l'ignorance et l'avarice nous ont dictés sur le commerce et les finances ; vous y trouverez par-tout des principes opposés à ceux des anciens. Qui se trompe d'eux ou de nous ? Il est du moins évident que les philosophes anciens vouloient faire d'honnêtes gens, et que les nôtres, qui ne paroissent que des facteurs, des banquiers et des agioteurs, ne veulent par leurs éloges du luxe et leurs calculs sur l'intérêt, faire que des hommes efféminés et des mercenaires.

Je ne cherche point, Monseigneur, à vous faire un sermon ; mon intention n'est que de vous dire la vérité de la manière la plus simple. Je voudrois de tout mon cœur que la politique moderne pût s'accorder avec les principes de la nature. Lycurgue, dont je ne fais que vous répéter le langage et les leçons, n'étoit pas un Cénobite misantrope qui prit plaisir à tourmenter les hommes ; il a élevé des autels au rire et à la gaieté.

L'avarice rend malheureux l'homme qu'elle possède ; par quel prodige, disoient les politiques anciens, rendroit-elle donc heureux un état assez peu éclairé pour chercher sa prospérité dans des richesses accumulées ? L'amour de l'argent abaisse et dégrade mon ame : s'il est sordide, il me prépare à être injuste, lâche, rampant et impitoyable; s'il est joint à la prodigalité, tous les vices me gouverneront avec d'autant plus d'empire, que languissant dans la mollesse, le luxe et le faste, je serai poursuivi par des besoins toujours renaissans et toujours insatiables. Pourquoi, concluoient les anciens, cette passion ne causeroit-elle pas les mêmes ravages dans un état?

Parcourez l'histoire, et tâchez de découvrir une société qui, en s'enrichissant comme Carthage, ait acquis, comme Sparte et Rome dans la pauvreté, les vertus et les talens qui font la sûreté et la force d'une république. Nommez-moi un seul état, un seul royaume où les richesses n'aient pas fait germer l'esprit de tyrannie et l'esprit de servitude. Où n'ont-elles pas soufflé la division, l'injustice, le brigandage et le mépris des lois naturelles et politiques? Dans quel pays n'ont-elles pas appelé un ravisseur étranger ? Je ne me lasse point de le demander : pourquoi Lacédémone, enrichie par les conseils de Lysander, ne put-elle conserver l'empire qu'elle avoit acquis dans la pauvreté ? Pourquoi la république romaine tombe-t-elle en décadence, dès qu'elle est enrichie des dépouilles des vaincus ?

Notre politique financière sera bonne, Monseigneur, quand elle nous aura appris en quels lieux on achète au poids de l'or le désintéressement qui est le premier lien des citoyens, la tempérance qui les dispose à remplir leurs devoirs, le courage et la prudence qui leur sont nécessaires pour défendre la patrie, les talens, en un mot, et sur-tout la justice qui doit être l'ame de toutes leurs pensées et la fin de toutes leurs entreprises. Si la société achète aujourd'hui à prix modique les actions qui sont nécessaires, demain elle ne remuera les ames qu'en donnant de plus grandes récompenses ; et bientôt au milieu de toutes les richesses de l'univers, elle sera trop pauvre pour contenter une avidité à laquelle on aura appris à ne mettre aucune borne. Les richesses ne sont qu'un ressort qui s'use en peu de temps. Les rois de Perse et les empereurs romains étoient riches; à quoi leur ont servi leurs richesses? Je suis long, Monseigneur ; mais j'écris dans un siècle où toutes les ames sont vénales; je combats des préjugés qu'il est presqu'impossible de détruire ; et les écrivains qui louent l'argent, le luxe et nos passions, sont bien plus longs que moi. Je ne dis plus qu'un mot. Si la Perse a dû être subjuguée par les macédoniens ; si Carthage a dû être vaincue par les romains; la providence n'a donc pas voulu que les richesses fussent un moyen dans les mains de la politique, pour faire fleurir une société.

## CHAPITRE VI.

CINQUIÈME VÉRITÉ.

*Que les états ne doivent pas se proposer un autre bonheur que celui auquel ils sont appellés par la nature.*

Un ancien a cru que les états, sujets aux mêmes vicissitudes que l'homme, ont leur enfance, leur jeunesse, leur virilité, et que la vieillesse enfin leur annonce la mort. Cette idée peu approfondie a été adoptée comme une vérité. On est assez généralement persuadé que le corps de la société est soumis, ainsi que les citoyens qui le composent, aux lois inévitables de la mort; l'écrivain le plus éloquent de nos jours a soutenu ce paradoxe. *Si Sparte et Rome*, dit-il dans son Contrat Social, *ont péri; quel état peut espérer de durer toujours? Si nous voulons former un éta-*

blissement durable, ne songeons point à le rendre éternel. Pour réussir, il ne faut pas tenter l'impossible, ni se flatter de donner à l'ouvrage des hommes une solidité que les choses humaines ne comportent pas.

Je dois mourir, parce que le temps seul flétrit, use et détruit en moi tous les organes et les ressorts de la vie, et que je ne puis m'en créer de nouveaux. Il n'en est pas de même du corps de la société, dont toutes les parties se renouvellent incessamment par de nouvelles générations. Elle a toujours des vieillards pour délibérer, et de jeunes hommes pour exécuter. Je sais que nous naissons tous avec des passions qui nous inclinent vers le vice, et que par conséquent tout état a une tendance à la corruption et à sa fin. Je sais qu'aucun peuple jusqu'à présent n'a pu y résister; mais est-il permis d'en conclure qu'aucun peuple ne pourra faire ce qu'aucun peuple n'a encore fait? Ce n'est point la faute de la nature si nous détournons nos passions de l'usage et de la fin pour lesquels elles nous ont été données. Retenues dans de certaines bornes, elles donnent de l'activité à la vertu, et nous conduiront au bonheur. Au lieu de les retenir, pourquoi les irritons-nous ? Au lieu de les diriger, pourquoi leur permettons-nous de nous conduire? C'est la faute du législateur, si les lois nous égarent; c'est sa faute, si son gouvernement ne conserve pas toujours sa première force et sa première intégrité.

Sparte, en sortant des mains de Lycurgue, étoit faite pour vivre éternellement. Pourquoi, après six siècles de prospérité, se relâche-t-elle de l'attention qu'elle devoit avoir sur elle-même? Pourquoi n'épie-t-elle pas continuellement les ruses et les artifices des passions, pour les prévenir? Quand elles ont fait une plaie légère aux mœurs et aux lois, pourquoi les spartiates la négligent-ils? Pourquoi la déchirent-ils ? Pourquoi la laissent-ils s'envenimer? S'il ne tenoit qu'à eux d'y appliquer un remède efficace; s'il étoit aisé d'étouffer le germe d'avarice que leur donnèrent les dépouilles de Mardonius; s'ils pouvoient, sans peine, reprendre leur première vertu; pourquoi dira-t-on que le terme fatal pour Lacédémone étoit arrivé, et que rien ne pouvoit le retarder ? Après la guerre du Péloponèse même, temps où les spartiates commençoient à avoir tous les vices des autres grecs, étoit-il impossible que ce peuple s'apperçût qu'il renonçoit aux institutions de son législateur, et qu'il sacrifiât à sa sureté sa vengeance, son avarice et son ambition ? Pourquoi ne pouvoit-il pas avoir un second Lycurgue qui l'arrachât une seconde fois à ses vices ? Il est certain que, loin d'affoiblir les lois, le temps au contraire les rend plus précieuses et plus respectables aux citoyens. Sparte a péri ; non pas parce qu'il est de l'essence de tout état de mourir; mais parce que de mauvais magistrats et de mauvais politiques l'on immolée à leur avarice et à leur ambition, quand ils pouvoient la sauver.

C'est l'impartialité de la législation ; c'est l'obéissance des magistrats aux lois, et des citoyens aux magistrats ; c'est la conduite prudente et courageuse d'un peuple à l'égard des étrangers, qui le rendent heureux et florissant ; mais c'est la manière dont il use de ces instrumens du bonheur, qui décide de la durée plus ou moins longue de son existence. Cet état heureux, pour subsister éternellement, n'a qu'à ne pas abuser de la sagesse de ses lois ; c'est-à-dire, qu'il ne doit rechercher que la prospérité à laquelle la nature lui permet, ou plutôt lui ordonne d'aspirer. C'est-là ce qui consolide de jour en jour son gouvernement. S'il viole l'ordre prescrit par la nature, s'il s'égare, s'il fait un mauvais emploi de ses forces, de sa sagesse et de son bonheur, ses lois s'affoibliront, ses mœurs se dégraderont, et au milieu de sa prospérité même, on découvrira la cause de sa ruine.

Quel est donc ce bonheur que la politique doit se proposer ? C'est, Monseigneur, la médiocrité. Pour s'en convaincre, il suffiroit peut-être de faire quelques réflexions sur notre foiblesse, et de voir qu'une trop grande prospérité est un fardeau que nous ne pouvons supporter. Qu'une république, gouvernée par les principes que j'ai établis, aspire à ce qu'on appelle communément une grande fortune ; il n'est pas douteux qu'elle n'y parvienne. Elle trouvera en elle-même les forces et les ressources dont elle aura besoin ; elle prendra naturellement les moyens les plus propres pour réussir ; elle aura sans effort la fermeté, le courage et la patience nécessaires pour vaincre les plus grands obstacles. Mais quel est le terme où ces malheureux avantages la conduiront ? Ouvrez l'histoire, Monseigneur, elle vous en instruira.

Le gouvernement de Carthage, dit Aristote, fut établi à peu près sur les mêmes principes que celui de Lacédémone : le partage de la puissance publique étoit tel qu'on ne devoit craindre ni la tyrannie ni l'anarchie. Les citoyens étoient unis, et leur union les faisoit respecter ; le travail de leurs mains et la récolte de leurs champs suffisoient à leurs besoins ; que faut-il davantage aux hommes ? Malheureusement cette république, qui n'étoit pas entièrement dégagée des préjugés et des passions de Tyr, se dégoûta du bonheur solide, mais peu brillant dont elle jouissoit. Elle ne put résister à l'attrait d'une grande fortune que lui offroit sa situation ; elle ouvrit son port au commerce, acquit des richesses qui lui donnèrent de l'orgueil; et se sentant une sorte de supériorité sur ses voisins elle en abusa, elle fit des conquêtes. Dès ce moment Carthage, déchirée par tous les vices qui marchent à la suite de l'avarice et de l'ambition, vit anéantir l'autorité des lois. Les cabales, les factions, les partis y décidèrent de tout, et ne pouvant plus se corriger, elle trouva sa ruine au milieu de ses richesses et de ses triomphes.

N'est-ce pas l'ambition de Sésostris qui a perdu l'Egypte, si heureuse et si florissante tant qu'elle s'est sagement tenue dans ses limites? Cyrus a été le Sésostris des Perses. Il a conquis de vastes provinces; mais dès que ce peuple a été le maître de l'Asie, n'a-t-il pas été accablé sous le poids de sa fortune? n'est-il pas devenu aussi esclave et aussi lâche qu'il avoit été libre et courageux? Mettez-vous, Monseigneur, à la place de Cyrus, examinez sa situation après ses conquêtes, et imaginez par quels moyens vous auriez pu empêcher que vos lois, votre gouvernement, vos successeurs et vos sujets ne se corrompissent. Faites, je vous prie, ce travail : vous ne trouverez pas ce que vous chercherez ; mais vous vous convaincrez parfaitement de la vérité de mes réflexions. En lisant l'histoire de la république rômaine, on voit avec douleur qu'elle ne se sert de la sagesse de ses lois et de ses institutions que pour se détruire. On voit avec chagrin que chacun de ses triomphes est un pas qu'elle fait vers sa décadence ; on est irrité qu'elle ne se serve de ses vertus que pour acquérir des vices.

J'ai tort, Monseigneur, si Carthage, l'Egypte, la Perse et Rome pouvoient former de grands empires, subjuguer leurs voisins, avoir de grandes richesses, et conserver les mœurs, les lois et le gouvernement qui les avoient rendues capables de faire des choses si difficiles. J'ai tort si ces puissances avoient quelque moyen de ne pas se laisser enivrer par le poison de leur prospérité ; s'il leur étoit possible de vaincre des peuples riches, sans s'enrichir de leurs dépouilles ; et d'acquérir des richesses, sans préférer l'argent, le luxe et la mollesse à la pauvreté, à la simplicité et à la tempérance.

Après ce que j'ai déjà dit sur la corruption qui accompagne les richesses, il est inutile de m'étendre davantage sur cette matière. D'ailleurs vous avez, Monseigneur, l'ame trop élevée et trop noble, et vous étes encore trop jeune pour que l'amour de l'argent soit un motif capable de vous remuer. Il suffit de vous avertir, et je l'ai déjà fait bien des fois, que notre politique moderne est dans l'erreur la plus dangereuse, quand elle regarde l'argent comme le nerf de la guerre et de la paix, et le principe du bonheur.

Mais ce n'est jamais trop tôt qu'on peut prémunir un prince contre l'ambition : tout ce qui vous entoure, n'est malheureusement que trop propre à vous faire regarder cette passion comme la vertu des grandes ames. Mille bouches s'ouvrent continuellement pour louer les conquérans; on vous crie que de grandes provinces, des millions de sujets et des revenus immenses font un grand prince. Xercès et Claude élevés sur les deux trônes les plus puissans qu'il y ait eu dans le monde, n'étoient-ils pas les derniers des hommes? Plus l'empire est grand, plus le prince paroît petit et incapable de gouverner.

Ayez toujours présent à l'esprit, Monseigneur, que sans la justice il n'est ni véritable gloire, ni grandeur solide, ni bonheur durable, et que les hommes ne sont pas grands par leurs passions, mais par leur raison. Les particuliers sont obligés de se lier entr'eux par les conventions de la société et d'y obéir pour être heureux ; soyez convaincu que les sociétés, sous peine d'être malheureuses, doivent de même observer entr'elles les lois de bienveillance qui unissent les citoyens. Il leur est ordonné de s'aider et de se secourir: le droit des gens est un droit sacré ; c'est la nature qui nous l'a donné, et nous sommes punis pour y avoir substitué les maximes barbares que nos passions nous ont dictées. C'est une proposition plus absurde encore qu'impie, que la providence ait condamné les hommes à déchirer et tourmenter leurs pareils pour se rendre heureux. Si une nation ambitieuse n'a pas les qualités nécessaires pour réussir dans ses entreprises, l'histoire vous apprendra qu'elle s'affoiblit d'abord par les efforts inutiles qu'elle fait pour s'élever. Elle épuise ses forces en se faisant haïr, et, déchue de ses espérances, finit infailliblement par éprouver la vengeance de ses ennemis qui la méprisent. Si ses institutions lui donnent des succès, l'histoire vous apprendra encore, qu'elle se dégrade par ses triomphes, parce que sa prospérité lui ôte nécessairement l'art d'employer ses forces et la plupart de ses vertus. Quel terrible exemple pour les ambitieux, que la république romaine qui tombe sous le joug de quelques-uns de ses citoyens, parce qu'elle a étendu son empire sur le monde entier !

La plupart des hommes ne sont malheureux, que parce qu'ils dédaignent avec stupidité le bonheur que la nature a mis sous leur main, pour courir après les chimères que leur présentent leurs passions. Ils cherchent avec peine et loin d'eux, ce qu'ils trouveroient sûrement au-dedans d'eux-mêmes, s'ils vouloient connoître le prix de la médiocrité. La nature qui veut unir les hommes, et dont l'objet est certainement de les rendre heureux, les uns par les autres, pouvoit-elle attacher le bonheur à une autre condition que la médiocrité, dont la vertu propre est de tempérer et de régler les passions qui troublent le monde, de nous satisfaire à peu de frais, et par-là même, de ne point rendre un homme incommode et suspect à un autre homme?

Un état qui est assez sage pour se contenter de la médiocrité de sa fortune, est un état, Monseigneur, qui peut et doit vivre éternellement, si d'ailleurs il se conforme aux règles dont je viens d'avoir l'honneur de vous entretenir.

## CHAPITRE VII.

*Application des vérités précédentes aux événemens généraux rapportés dans l'histoire ancienne.*

On l'a dit cent fois, Monseigneur, et il faudra encore le dire mille, et peut-être inutilement : dans les états où un despote possède toute la puissance publique, les sujets esclaves n'ont ni patrie ni amour du bien public. Conduits comme de vils troupeaux, et toujours sacrifiés à quelque passion du maître ou de ses favoris, je ne sais quelle indifférence stupide engourdit les ressorts de l'ame et dégrade l'humanité. Sous ce gouvernement, les mœurs publiques sont nécessairement mauvaises. Les richesses doivent, par principe, être préférées à tout le reste, parce que le prince, qui possède de grands trésors ou de grands revenus, doit faire estimer l'avarice, le luxe et la prodigalité. Les lois seront partiales, parce que le prince est homme, et qu'il n'aura jamais la sagesse et le courage de ne pas sacrifier la nation à ses courtisans et à ses valets. On n'obéira pas aux lois, parce qu'on y craint et respecte plus la faveur et le crédit que les lois.

Ne cherchez dans le despotisme aucune suite dans les vues, dans les projets, dans les entreprises; à chaque prince qui se succède, ou à chaque ministre qu'il choisit, il se succède une nouvelle politique, ou plutôt une nouvelle passion. La fortune place les monarques sur le trône; mais elle les place au hasard. La nature ne les fait pas plus intelligens que les autres hommes, et leur éducation ordinairement dégrade encore les dons de la nature. L'état avoit besoin d'un homme ferme et courageux, et il obéit à un homme indolent, timide et paresseux. Le poids énorme du despotisme écrase les talens dans le despote comme dans les esclaves. Tel prince est justement méprisé, qui eût été estimé dans un rang inférieur, et peut-être un excellent magistrat dans une république. Le gouvernement de ses prédécesseurs ayant humilié et corrompu toutes les ames, il ne trouve plus les instrumens nécessaires pour faire le bien, et son embarras le jette dans l'inaction. Enfin la nature fait-elle un effort? place-t-elle sur le trône un homme dont le génie et les talens, développés par quelques circonstances heureuses, rompent tous les obstacles qui les arrêtent? c'est un beau jour, mais court; et la nuit qui succède paroîtra plus obscure. Ce prince paroît grand, parce qu'on le compare à ses pareils; il seroit petit, si on comparoit ses actions aux devoirs indispensables d'un homme qui s'est imprudemment chargé de faire seul le bonheur de ses sujets.

Ce gouvernement éprouve des agitations à sa naissance; car des hommes accoutumés à être libres, n'obéissent pas sans peine à un maître; mais ces agitations même, si elles ne rétablissent pas promptement la liberté, sont bientôt traitées d'attentats contre la tranquillité publique, et servent ordinairement de prétexte pour hâter et affermir la puissance du prince. On ne doit pas être étonné des délations, dirai-je infâmes ou ridicules, qui effrayèrent sous les premiers empereurs romains. Les actions les plus indifférentes devinrent des crimes ; plus les citoyens avoient été libres, plus il falloit se hâter d'étouffer dans les esclaves le sentiment de l'ancienne liberté. Après quelques efforts, le peuple se lasse par paresse, par inconsidération et par ignorance de défendre les anciennes lois. Content de la plus légère satisfaction, après les plus grandes injures, il ne demande pas mieux que d'espérer un avenir heureux pour se consoler du présent qui l'afflige; on diroit qu'il aime à se tromper, et les promesses les plus légères suffisent pour le tranquilliser.

Quand le prince, en divisant les ordres de l'état et les menaçant les uns par les autres, est enfin parvenu à s'emparer de toute la puissance publique et ne plus craindre ses sujets, les citoyens les plus considérables se précipitent au-devant du joug par bassesse, par flatterie, par ambition et par avarice. Le peuple accoutumé, par la crainte et par l'exemple des grands, à obéir machinalement, ne sait plus s'il est de la même espèce qu'eux, et croit enfin que sa situation déplorable est son état naturel. Il parvient à regarder sa stupidité comme le fondement et le gage de son repos et de la sûreté publique; il se croiroit malheureux s'il lui étoit permis de se remuer. Si par hasard on lui laisse la liberté de respirer un moment dans sa misère, il croit recevoir une grâce, et emporté par l'engouement de sa reconnoissance, il ne manquera pas de se charger de nouvelles chaînes. Dès-lors on ne distingue plus les intérêts de la nation des passions et des caprices de son maître. La vérité proscrite est condamnée au silence. Chaque sujet, aussi indifférent sur l'avenir que sur le passé, blâme et loue tout. Il y a une assemblée d'hommes, mais il n'y a plus de société, parce que le propre de l'esclave est de ne penser qu'à lui. Si l'état subsiste, c'est qu'il 'n'a pas la force de se dissoudre lui-même ; mais qu'il s'élève contre lui un ennemi qui n'ait pas les mêmes vices, et rien ne pourra empêcher sa ruine.

L'aristocratie, qui confère le pouvoir souverain à des familles privilégiées, se conduit avec plus d'ordre, de suite et de méthode que le gouvernement dont je viens de parler, à moins que l'état ne soit partagé par deux factions qui cherchent mutuellement à se perdre pour dominer. Ses sujets compteront davantage sur la stabilité des loix que les sujets d'un despote. Ses alliés lui sont plus attachés, parce que ses alliances seront moins incertaines. Cependant la république ne sera pas florissante, si les familles patriciennes, par un espèce de prodige, ne tempèrent la rigueur naturelle de leur joug, et n'invitent leurs sujets à croire qu'ils ont une patrie.

On n'a point vu l'aristocratie se porter à de certains excès de violence et de barbarie qui ont déshonoré quelques princes; mais les hommes ont-ils besoin d'un Caligula ou d'un Néron pour être malheureux? Elle est toujours plus défiante, plus jalouse, plus soupçonneuse, plus timide que le gouvernement d'un seul, et par conséquent plus injuste. Des patriciens qui ne sont pas séparés de leurs sujets par un long intervalle, souffriront-ils patiemment que des plébéiens, faits pour obéir, osent avoir des vertus, des talens, du crédit et de la considération? La société fleurira-t-elle sous une tyrannie sourde, et d'autant plus accablante qu'elle s'exerce par le ministère même des lois, ou du moins des formes juridiques ?

Si les institutions particulières de ce gouvernement autorisent les patriciens à avoir des talens, et donnent l'essor à leur génie, les passions seront plus libres; et l'état, continuellement vexé par les cabales, les intrigues et les partis des grands, sera dans le trouble, jusqu'à ce qu'enfin l'oligarchie ou la tyrannie de plusieurs fasse place à la tyrannie d'un seul. Si l'aristocratie a pris des mesures efficaces pour prévenir l'ascendant qu'une famille patricienne pourroit prendre sur les autres par ses services, ses richesses et son mérite, l'état n'évitera les désordres d'une révolution domestique, que pour tomber dans la langueur et préparer à ses ennemis une conquête plus aisée. On ne conservera cette égalité nécessaire à l'aristocratie, qu'en gênant tellement les nobles qu'ils ne puissent avoir ni montrer impunément des talens supérieurs. Les voies sourdes et détournées de l'intrigue seront seules en honneur. Personne n'osera se montrer tel qu'il est. Dès-lors tout doit s'affaisser, se dégrader, s'anéantir.; et au premier orage qui s'élèvera, la république qui a craint les talens, manquera de pilotes pour la conduire.

Dans la démocratie, le citoyen, toujours disposé à confondre la licence et la liberté, craint de s'imposer un joug trop dur par ses propres lois, et ne regarde ses magistrats que comme les ministres de ses passions. Le peuple sait qu'il est véritablement souverain ; il aura des complaisans, des flatteurs, et par conséquent tous les préjugés et tous les vices d'un despote. Dans les deux gouvernemens dont j'ai d'abord parlé, on manque de mouvement ; dans la démocratie, il est continuel et devient souvent convulsif. Elle offre des citoyens prêts à se dévouer au bien public, elle donne à l'ame les ressorts qui produisent l'héroïsme ; mais faute de règle et de lumière, ces ressorts ne sont mis en mouvement que par les préjugés et les passions. Ne demandez point à ce peuple prince d'avoir un caractère, il ne sera que volage et inconsidéré.

Il n'est jamais heureux, parce qu'il est toujours dans un excès. Sa liberté ne peut se soutenir que par des révolutions continuelles. Tous les établissemens, toutes les lois qu'il imagine pour la conserver, sont autant de fautes par lesquelles il répare d'autres fautes ; et par-là il est toujours exposé à devenir la dupe d'un tyran adroit ou à succomber sous l'autorité d'un sénat qui établira l'aristocratie.

Si la démocratie est plus sujette que les deux gouvernemens, dont je viens de parler, à éprouver des troubles et des révolutions domestiques, elle est aussi plus propre à résister aux entreprises de ses ennemis. Tant que les citoyens préfèrent leur liberté aux richesses et aux voluptés, ils ne se laissent point accabler par les plus grands malheurs. Le danger suspend leurs dissentions et réunit leurs forces. Chaque homme ayant tout à perdre, si la patrie est vaincue, devient un héros pour sa défense. Aucun bras n'est inutile, aucun talent n'est perdu. Les ressources se multiplient, et l'amour de la patrie tient lieu des lois qui manquent, et supplée au pouvoir trop foible des magistrats. A mesure que le gouvernement incline davantage vers la démocratie, la république a plus de défenseurs. L'aristocratie, n'ayant pour citoyens que ses nobles, se défendra avec beaucoup moins de fermeté que le gouvernement populaire, mais avec beaucoup plus de courage que le despotisme, où une seule personne est intéressée à la conservation de l'état.

Voilà, Monseigneur, un tableau fidèle des trois gouvernemens les plus ordinaires; et puisque vous les avez rencontrés chez presque tous les peuples de l'antiquité, devez-vous être surpris de cette longue suite de calamités dont l'histoire ancienne vous offre le tableau tragique? Puisque les passions ont été l'ame du monde, les peuples ont dû éprouver au-dedans les révolutions les plus effrayantes, et se dévorer mutuellement par les guerres les plus cruelles. Par-tout la servitude a dû s'établir sur les débris de la liberté ruinée; par-tout vous devez rencontrer des empires envahis, subjugués et détruits.

Mais gardez-vous de croire que la

différence des climats exige, de la part des peuples, une politique différente. Il est faux que le *despotisme convienne aux pays chauds, la barbarie aux pays froids, et la bonne police aux régions intermédiaires*. Il n'est pas vrai que les rayons du soleil, plus ou moins perpendiculaires, plus ou moins obliques, décident du gouvernement que chaque peuple doit avoir, et le portent à l'établir sans qu'il s'en apperçoive. Il n'est pas vrai que *la forme de gouvernement qui seroit la meilleure dans un pays, fût la pire dans un autre*. Ces erreurs sont combattues par des faits dont il est impossible de douter. Est-il arrivé des révolutions dans l'ordre des corps célestes ou sur le globe que nous habitons, quand les hommes ont vu la servitude s'établir dans les provinces où la liberté avoit régné avec le plus de gloire, et des républiques se former dans le sein même de la tyrannie?

Par-tout où les hommes seront hommes, par-tout où ils auront une raison, et un cœur capable de s'ouvrir à l'avarice, à l'ambition et aux voluptés, le même gouvernement leur conviendra; parce qu'ils ont par-tout le même intérêt de se défendre contre ces passions et d'affermir l'empire de la raison. Je conviens que la différence des climats, influant sur nos organes, donne aux passions plus ou moins d'énergie ou d'activité; mais faut-il conclure de-là, que l'Asie, par exemple, est destinée à l'esclavage et l'Europe à la liberté? non ; mais que la politique, en Asie et en Europe, doit employer les mêmes moyens avec différentes proportions, pour affermir le bonheur des peuples, et prévenir les désordres et les ravages des passions. Les passions des Asiatiques sont enveloppées et, pour ainsi dire, engourdies par la paresse. J'en conclurai qu'on a besoin de beaucoup moins d'institutions chez eux que chez les Européens, pour former et conserver une république. Mais les uns et les autres, quelles que soient leurs passions, ont un égal besoin que leurs lois soient impartiales, et que les magistrats y soient soumis en commandant aux citoyens. Sous l'équateur comme sous le pôle, si on veut être constamment heureux, il ne faut pas moins se tenir en garde contre les passions de ses voisins que contre les siennes propres. Quelque pays qu'habitent les hommes, toute société est placée entre deux écueils, le despotisme et l'anarchie. Les passions des magistrats conduisent à l'un, les passions des citoyens conduisent à l'autre; il n'y a, par conséquent, et il ne peut y avoir de bonne forme de gouvernement que celle qui me garantit tout-à-la fois des deux dangers dont je suis menacé.

Les peuples les plus célèbres et les mieux constitués de l'antiquité ont dû voir renverser leur république, parce qu'il n'y en a aucun qui n'ait négligé quelqu'une des règles les plus essentielles à la conservation politique. Mais au milieu de cette chûte des états qui se succèdent les uns aux autres, je vous prie de remarquer avec quelle facilité sont subjugués les peuples qui ne sont pas libres, tandis qu'une ville qui se gouverne par ses lois, arrête et rend vains quelquefois les projets des conquérans les plus redoutables. Dès qu'il paroîtra un Sésostris en Egypte, l'Orient consterné doit le reconnoître pour son vainqueur et pour son maître. Ces peuples sont incapables de résister, et il ne faut, pour ainsi dire, qu'un instant de sagesse et de courage de la part de leurs ennemis pour les ruiner. Dès qu'il naîtra un Cyrus, l'Asie doit être soumise à la domination des Perses. Dès qu'un Alexandre succèdera en Macédoine à un Philippe, la monarchie de Cyrus doit être renversée. Dès qu'il se formera une république romaine, les rois doivent être humiliés et les nations assujetties. Tous ces peuples vaincus n'avoient subsisté pendant long-temps, que parce qu'ils n'avoient été attaqués jusqu'alors que par des ennemis qui n'avoient ni plus de valeur ni plus de prudence qu'eux.

Avec quelle noble et fière constance les états libres ne défendent-ils pas au contraire leur liberté ? La Macédoine a eu plus de peine à soumettre quelques villes de la Grèce que l'Asie entière. L'Asie une fois vaincue a été soumise pour toujours ; la Grèce vaincue ne s'est point laissé accabler par ses disgraces. Tandis qu'Alexandre effrayoit l'Asie, la Grèce indocile sous le joug, tentoit de le secouer. Elle retrouve encore en elle-même assez de courage pour résister à ses propres vices, et à des princes puissans qui avoient l'art de la diviser. Le désir d'être libre subsiste quand la liberté paroît perdue sans retour, et il produit encore la ligue ou la confédération des Achéens, qui ne peut être détruite que par une autre république destinée à tout vaincre.

Avec combien de peine le seul peuple qui ait su être conquérant par principe et avec méthode, ne triompha-t-il pas de l'Italie ? Eques, Volsques, Toscans, Samnites, ces peuples toujours défaits n'étoient jamais domptés. Enfin rappelez-vous, Monseigneur, la fin de Carthage. Cette ville si humiliée par la bataille de Zama et par les conditions de la paix qui termina la seconde guerre punique; cette ville, dont les mœurs étoient si corrompues et les lois si vicieuses, que ne fit-elle pas encore de grand et d'héroïque, quand, se voyant sur le bord du précipice, elle osa tenter de résister au génie de la république romaine ?

## CHAPITRE VIII.

*Application des vérités précédentes à quelques objets importans de l'histoire des peuples modernes de l'Europe.*

Après ce que je viens de dire sur l'histoire ancienne, mon objet n'est pas, Monseigneur, de mettre sous vos yeux un abrégé de l'histoire moderne de l'Europe; et en vous présentant un tableau de la fortune heureuse ou malheureuse de tant d'états, de vous faire voir que tous les faits concourent constamment à prouver la vérité des principes politiques que vous avez étudiés. Ce travail est réservé à vos méditations ; et j'espère que vous le ferez avec succès.

Je me borne à l'examen de quelques questions qui me paroissent les plus importantes. La ruine de l'empire romain fit prendre à l'Europe une face nouvelle ; et des peuples souverainement jaloux de leur indépendance, s'étant établis dans des provinces où régnoit auparavant le despotisme le plus dur, pourquoi sur les ruines de la liberté germanique, le gouvernement monarchique est-il devenu général en Europe? Cependant par quelle raison le despotisme si commun et si barbare chez les anciens, et qui déshonore encore l'Asie, est-il aujourd'hui inconnu dans la chrétienté? Quelles lois, quelles mœurs, quels usages ont élevé une barrière entre les souverains et les abus monstrueux de ce pouvoir qui dégrade l'humanité? Pourquoi les états libres qui se sont formés parmi nous, n'ont-ils joui de presqu'aucune considération? L'Europe ayant été déchirée par des guerres continuelles que l'ambition a fait naître, aucun peuple moderne n'est cependant parvenu à ce point de grandeur et de puissance qui rend si célèbres quelques peuples anciens; quelle en est la cause? Enfin pourquoi tant d'états modernes, dont la constitution est presque toujours si vicieuse, ont-ils une plus longue durée que les états anciens dont nous admirons la sagesse? En répondant à ces questions, il me semble, Monseigneur, que j'embrasserai tout ce que l'histoire moderne renferme de plus intéressant, de plus curieux et de plus utile.

Vous avez remarqué, dans le cours de vos études, que les barbares dont descendent toutes les nations de l'Europe, avoient dans la Germanie le gouvernement le plus libre. Sans lois écrites, ils ne se gouvernoient que par des coutumes grossières dont le père instruisoit ses enfans; la licence de ne consulter que ses forces, de tout oser et de tout faire, c'étoit leur liberté. Leurs rois n'étoient que leurs capitaines; leurs magistrats n'avoient qu'une autorité précaire. Mais, ces peuples ayant déjà appris, par le commerce et la fréquentation des Romains, à être avares et même voluptueux à leur manière, quand ils s'établirent dans les provinces de l'empire; il étoit impossible qu'ils fissent des conquêtes, eussent des demeures fixes, acquissent un patrimoine, et se mélassent avec des hommes plus éclairés qu'eux, mais efféminés, timides et asservis depuis long-temps au despotisme le plus dur, sans que leurs mœurs et leurs coutumes ne s'altérassent promptement. Vous avez vu, Monseigneur, combien les hommes doivent prendre de précautions pour être libres : comment donc les Bourguignons, les Goths les Vandales, les Francs, etc. auroient-ils pu conserver une liberté qu'ils n'aimoient que par instinct, dont ils ne connoissoient ni le prix, ni la fragilité, et qui ne pouvoit s'associer ni avec leurs préjugés anciens ni avec leurs vices nouveaux ?

Quoiqu'en s'établissant sur leurs conquêtes, les barbares adoptassent quelques lois romaines qui leur paroissoient utiles, leur gouvernement ne fut encore qu'un vrai brigandage. De-là des désordres, des violences, des rapines, des injures, des plaintes, dont les rois et les grands, déjà assez riches pour être ambitieux, ne tardèrent pas à profiter pour écraser le peuple et agrandir leur autorité. Je passe rapidement, Monseigneur, au règne de Charlemagne qui forme l'époque la plus remarquable de l'histoire moderne. Les vertus et les talens de ce prince furent perdus pour son empire qui comprenoit la plus grande partie de l'Europe. Soit que les Français fussent encore trop barbares pour aimer leur gouvernement naissant ; soit que les successeurs de Charlemagne fussent incapables de faire respecter des lois que le temps et l'habitude n'avoient pas consacrées, les anciens vices reparurent avec les anciennes passions, et l'état fut encore en proie aux mêmes divisions qui l'avoient troublé sous les Mérovingiens. Les princes et les grands, ennemis les uns des autres, se disputèrent le pouvoir souverain que Charlemagne avoit voulu placer dans les mains de la nation, et le détruisirent. Tandis que le peuple, incapable de défendre ses droits, étoit sacrifié de toutes parts à l'avidité des grands, et qu'il sembloit devoir s'élever autant de principautés indépendantes qu'il y avoit de seigneurs en état de se cantonner dans leurs provinces ou dans leurs terres, on vit sortir du sein de cette anarchie une sorte de droit et de police qui tendoit à rapprocher toutes les parties désunies de l'état. Il y eut une ombre de subordination : les grands consentirent à être unis entre eux par un hommage et un serment, et c'est ce qu'on a appellé le gouvernement féodal.

Cette révolution particulière de l'empire français qui embrassait une partie considérable de l'Italie, la Germanie jusqu'à la mer Baltique, et quelques provinces au-delà des Pyrénées, devint le principe d'une révolution générale en Europe. Guillaume-le-Conquérant porta, comme tout le monde sait, la police féodale en Angleterre, et bientôt l'indépendance de ses barons tenta la vanité des grands d'Ecosse qui voulurent jouir des mêmes prérogatives. Les seigneurs espagnols en prirent l'idée dans les provinces que les Français possédoient dans leur voisinage, ou la reçurent des Croisés qui les venoient défendre contre les Maures. L'Italie entière ne connut point d'autres lois. Peut-être pourroit-on soupçonner que les Polonais et les Danois, par imitation de ce qu'ils voyoient en Allemagne, adoptèrent aussi quelques usages d'un gouvernement analogue à leurs mœurs et à leur politique.

Quoi qu'il en soit des progrès du gouvernement féodal, on vous a dit, Monseigneur, qu'il s'étoit presqu'étendu sur toute l'Europe. Par-tout l'hommage et le serment servoient de lien entre le suzerain et le vassal ; mais par-tout ils leur imposoient des devoirs différens. Si les seigneurs étoient foibles, leurs conventions étoient mieux observées : s'ils étoient puissans, tous les droits étoient équivoques, tous les devoirs étoient incertains, parce qu'on vidoit les querelles les armes à la main, et que le sort des armes n'est jamais constant. Le despotisme le plus dur étoit établi, si on ne considère que le pouvoir que les seigneurs exerçoient sur les sujets de leurs terres; mais la liberté la plus anarchique régnoit entre les seigneurs.

Cependant il étoit impossible que les hommes toujours conduits par le désir d'être heureux, ne sentissent pas la nécessité de remédier à des désordres dont ils étoient tous les jours les victimes. Les esprits furent forcés par l'excès des malheurs à se rapprocher. On fit des traités et de nouvelles conventions qui servirent à donner une sorte de frein aux passions. En faisant quelques progrès, on sentit la nécessité d'établir une subordination encore plus exacte; et ne sachant comment s'y prendre, on affranchit le peuple, on augmenta les devoirs des vassaux à l'égard de leurs suzerains, on permit à ceux-ci d'affecter de nouvelles prérogatives ; et les rois, comme seigneurs suzerains de leur nation, se trouvèrent revêtus d'une nouvelle autorité, qui les mit en état de se faire de nouvelles prétentions : déjà je vois la monarchie s'élever sur les ruines du gouvernement féodal.

Il seroit trop long de développer ici les différentes causes qui favorisèrent à la fois cette révolution. Vous observerez seulement, Monseigneur, que plus un gouvernement est vicieux, moins il a de moyens pour subsister. Suzerains, vassaux, sujets, tous avoient également à se plaindre de la police barbare des fiefs, tous conjuroient sa ruine; et elle n'auroit point subsisté en Allemagne, si l'empire n'eût été électif, et que ses diètes, en conservant un reste de puissance publique, n'eussent donné à tous les princes un intérêt commun, et fourni des moyens de pallier les maux dont ils se plaignoient. Par-tout ailleurs les rois héréditaires jouissoient d'une considération favorable aux progrès de leur autorité. Tandis que, pour abaisser la noblesse, ils fomentoient ses divisions et travailloient à donner du crédit au tiers-état, le clergé vexé par les seigneurs, et persuadé que le gouvernement monarchique des juifs est le modèle de la plus sage administration, ne cessoit de contribuer aux progrès de la monarchie. En faisant des lois agréables, et dont tout le monde sentoit l'utilité, les princes essayoient à devenir législateurs. Ils formèrent des tribunaux où leur volonté fut bientôt regardée comme la loi de l'état. Ils entretinrent des troupes réglées, et en exigeant avec moins de rigueur le service des fiefs, ils amollirent les seigneurs, et se mirent en état de les traiter comme des rebelles, s'ils troubloient encore la paix publique par leurs guerres privées. Ils assemblèrent quelquefois leur nation pour feindre de la consulter, et leur véritable intention étoit de ne la pas effaroucher par une autorité trop ouvertement arbitraire.

Bientôt les guerres étrangères succédèrent

aux guerres domestiques, et de nouveaux intérêts donnèrent une nouvelle façon de penser. Les nations se lièrent par des négociations et des traités ; elles formèrent des ligues, et chacune d'elles fut moins occupée de ses propres affaires que des événemens étrangers. Cependant les mœurs s'adoucirent ; avec de nouveaux besoins les arts se perfectionnoient. Le commerce fit des progrès rapides, le nouveau monde répandit des richesses immenses dans l'Europe, tandis que des navigateurs hardis nous apportoient le luxe et les superfluités des provinces les plus reculées de l'Asie. Parmi des hommes pleins d'idées de chevalerie, d'ambition, de richesses et de plaisirs, il fut facile aux princes de donner au gouvernement la forme qu'ils désiroient.

Les peuples, en effet, s'abandonnèrent avec tant de docilité et de sécurité au cours des événemens, que, sans la fermentation que les querelles de religion causèrent dans les esprits, jamais ils n'auroient eu assez de courage pour oser tenter de secouer le joug dont ils étoient déjà accablés. Le pouvoir arbitraire avoit fait insensiblement ses progrès, et ses abus les plus excessifs n'auroient excité que des émeutes inutiles ; parce qu'on haïssoit la tyrannie sans aimer la liberté, et qu'on se seroit contenté ridiculement de repousser l'une sans établir l'autre.

Jamais, dit un historien célèbre, sans les nouveautés de Luther et de Calvin, sans le zèle enthousiaste des Puritains et l'opiniâtreté du clergé à vouloir conserver des cérémonies indifférentes à la religion, l'Angleterre ne seroit venue à bout d'établir la forme de gouvernement dont elle se glorifie aujourd'hui. En effet, lasse de toujours combattre pour une liberté mal affermie, elle s'étoit enfin accoutumée à voir violer la *Grande Charte*, et à se contenter des vaines promesses qu'on lui faisoit de ne la plus violer. Le règne de Henri VIII avoit été tyrannique sans porter à la révolte. Edouard et Marie avoient gouverné avec empire et dureté ; et on s'étoit contenté de les haïr sans éclater. Elisabeth, en éblouissant les Anglais par sa prudence et son courage, leur avoit inspiré une sécurité dangereuse, et les Stuarts, ses successeurs, auroient profité, sans peine et sans beaucoup d'art, de cette disposition pour établir un vrai despotisme, si le zèle de la religion ne fût venu au secours de l'état. Dans la situation où se trouvoit l'Angleterre, il n'y avoit plus que le fanatisme qui fait mépriser les richesses, les plaisirs, les commodités de la vie, et aimer le martyre et la mort, qui pût faire braver les dangers qui accompagnent la révolte, et former le projet de détruire un gouvernement établi.

La réflexion de M. Hume est très-juste, et ce qu'il dit de l'Angleterre, il faut l'appliquer aux Provinces-Unies. Jamais elles n'auroient tenté de secouer le joug de l'Espagne, si elles n'avoient craint que le gouvernement sévère et rigoureux de Philippe II, et qu'on n'eût attaqué que leurs franchises et leurs privilèges politiques. On se seroit contenté de murmurer, de se plaindre, et de faire des remontrances. Il y auroit eu tout au plus quelques séditions imprudemment commencées et mal soutenues. Les séditieux se seroient bientôt lassés de s'exposer à des châtimens sévères sans produire aucun bien; et pour éviter de plus grands maux, on n'auroit cherché qu'à apprivoiser son maître par des complaisances. Mais aucune considération humaine ne fut capable d'arrêter les mécontens, quand ils furent menacés de l'inquisition, et crurent leur salut éternel en danger. Ils ne songèrent sérieusement à former une république, qu'après s'être convaincus qu'il ne leur restoit que ce seul moyen de conserver leur nouvelle doctrine, et de se débarrasser pour toujours de ce qu'ils appelloient les superstitions et la tyrannie de l'église romaine.

C'est le luthéranisme qui a mis les Suédois en état d'abaisser le clergé dont le despotisme avoit causé tant de maux, et de fermer pour toujours l'entrée de leur pays aux Danois. Tant qu'en Bohême et en Hongrie les esprits ont été échauffés et irrités par les querelles de religion, ces deux royaumes ont pu se vanter d'être libres; dès qu'ils n'ont plus eu de fanatisme, ils n'ont plus eu de liberté. Il est très-vraisemblable que, sans les différends élevés dans l'empire au sujet de la religion, l'Allemagne n'auroit pas conservé son gouvernement. La maison d'Autriche, assez puissante et assez riche pour regarder la couronne impériale comme son patrimoine, auroit intimidé, séduit, acheté et corrompu les princes et les diètes de l'empire. La politique est presque toujours la dupe d'un avantage présent dont elle peut jouir; et il est infiniment rare qu'un état ait la sagesse de prévoir et de prévenir les maux qu'il ne sent pas encore. Des vues d'ambition pouvoient faire agir les princes qui s'oposoient à Charles-Quint et à ses successeurs, mais il falloit un intérêt supérieur à celui de la politique, pour qu'ils trouvassent des forces toujours nouvelles, et que les Allemands montrassent une fermeté capable de résister à l'ambition autrichienne et d'en triompher.

Quelque vicieux que soit le gouvernement féodal, quelques maux qu'il ait causés à nos pères, il est vraisemblable que quelques peuples lui doivent l'avantage de vivre aujourd'hui sous un gouvernement tempéré, où ils ne sont ni libres ni opprimés. Plusieurs princes nés avec les passions de

Tibère et de Néron, ont commis des violences, et auroient été des tyrans comme ces princes, si les mêmes conjonctures leur avoient donné les mêmes espérances et les mêmes craintes. Mais on étoit accoutumé à les respecter, on reconnoissoit leur supériorité; ils n'ont jamais été obligés de répandre des torrens de sang; ils étoient sûrs de réussir en ne voulant faire que des progrès lents et insensibles. Ainsi, malgré la méchanceté de quelques princes, la monarchie s'est prêtée à des tempéramens de douceur et de conciliation, et s'est fait un caractère particulier qu'on ne trouve point chez les anciens. Le passage de la liberté à la servitude fut trop prompt chez les Romains. Pour affermir son empire, Auguste se vit dans la nécessité de faire périr les citoyens les plus jaloux de leur liberté et qui avoient un mérite distingué. Ses successeurs crurent toujours avoir des ennemis qu'il falloit perdre, et voilà ce qui rendit leur politique oppressive et sanguinaire.

Mais le gouvernement féodal ayant donné aux grands de la force, du crédit, de la considération et des droits qu'on ne pouvoit détruire que successivement, les princes s'étoient accoutumés à marcher pas à pas, et même à reculer quand ils s'étoient trop avancés. Avant que de proscrire une coutume qui leur étoit contraire, ils sentirent qu'il falloit l'affoiblir et l'ébranler à plusieurs reprises. En la détruisant, on ne détruisoit point la fierté et le courage qu'elle avoit inspirés. Les seigneurs avoient déjà perdu la souveraineté de leurs justices; ils n'étoient plus les maitres de faire de nouvaux fiefs, d'affranchir leurs sujets ou de les soumettre à de nouvelles redevances; déjà ils ne pouvoient plus se faire la guerre sans être regardés comme des perturbateurs du repos public ; et cependant le prince étoit encore contraint de respecter leur fierté et de craindre leur courage. Dans ce flux et reflux d'autorité et d'indépendance, il se forma des mœurs publiques qui tempérèrent l'âcreté du pouvoir et la bassesse de l'obéissance. Ces mœurs publiques avoient d'autant plus de crédit, que loin de combattre les passions, elles en étoient l'ouvrage. D'ailleurs, l'Europe professoit une religion réprimante qui nous enseigne que devant Dieu, le monarque le plus puissant n'est que l'égal du plus vil de ses esclaves. Les chrétiens n'élèvent point des autels à leurs rois ; après leur mort ils n'en font point des dieux.

Au milieu de cette barbarie des fiefs, il se réveilla cependant, Monseigneur, quelques idées de liberté. La plupart des villes affranchies par les *Chartres de commune* que leur vendirent leurs seigneurs, commencèrent à avoir leurs magistrats et leurs conseils ; mais elles portoient encore la marque de leur servitude, et elles étoient plongées dans une ignorance trop profonde, pour jeter les fondemens solides d'un gouvernement libre. Les villes qui, par leur situation sur la mer ou sur quelque grande rivière, se trouvèrent à portée de faire le commerce, furent seules florissantes. Elles jouirent de la considération que donnent les richesses ; elles se liguèrent ensemble, quelquefois se firent craindre de leurs voisins, et n'eurent cependant qu'une existence précaire. La fortune de ces villes tenta l'avarice de leurs anciens seigneurs, et à mesure que le gouvernement féodal tomboit en décadence, et que la monarchie faisoit des progrès, *la Hanse Teutonique* s'affoiblissoit ; et cette confédération répandue dans toute l'Europe, ne subsista plus qu'entre cinq ou six villes.

Quelques-unes de ces républiques en proie à leurs divisions domestiques, se défendirent avec succès contre les étrangers, et virent expirer leur liberté sous la tyrannie d'un de leurs citoyens; tel fut le sort de Florence. Gênes, toujours agitée par des passions qui ressembloient plus à l'ambition qu'à l'amour de la liberté, ne continua à être une république, que parce qu'elle ne pouvoit se fixer à aucun gouvernement; et une révolution lui rendoit l'indépendance qu'une révolution lui avoit ôtée. Riche, avare, séditieuse, elle est enfin gouvernée par des maîtres qui seroient, sans beaucoup de peine, des courtisans dans une monarchie. Venise parvint à donner des bornes à l'autorité absolue de ses doges. Le peuple se fit des tribuns, qui tous les ans élurent les sénateurs qui devoient former le conseil du premier magistrat de la république.

Mais cet heureux gouvernement ne jeta pas de profondes racines. Les Vénitiens, tranquilles et occupés de leur commerce, préféroient les richesses à la liberté. Ils furent punis de leur négligence à veiller sur la chose publique; et dans le treizième siècle il s'éleva parmi eux une aristocratie rigoureuse qui éteignit la liberté au-dedans, et ne fut puissante et respectée au-dehors que par la barbarie et la foiblesse où les autres états languissoient.

C'est dans les montagnes de Suisse, que la liberté, fruit du courage, de la grandeur d'ame et de l'amour de la patrie, a eu les succès les plus heureux. Les cantons d'Uri, de Schwitz et d'Underwald opprimés par leurs seigneurs, levèrent l'étendard de la révolte au commencement du quatorzième siècle, et huit ans après, la célèbre bataille de Morgarten apprit à leur ancien maître à les respecter. Lucerne et Zurich se joignirent aux confédérés, et cet exemple fut bientôt suivi par ceux de Glaris, de Zug et de Berne. Ces braves républicains, dont j'aurai l'honneur de vous parler, Monseigneur, avec plus d'étendue dans la seconde partie de cet ouvrage, étoient guerriers sans être ambitieux. Ils vouloient associer leurs voisins à leur bonheur et non pas en faire des sujets. Je crois voir Aratus, je crois voir se former la ligue des Achéens; et ce n'est pas sans plaisir qu'on retrouve chez les modernes la sagesse des anciens. Fribourg, Soleure, Bâle et Schaffouse désirèrent enfin d'être libres; et leur union au corps Helvétique le rendit plus considérable. Cette république fédérative, emportée par le courage qui l'avoit formée, eut le malheur de trop s'intéresser aux querelles de ses voisins ; mais l'erreur fut courte, et bientôt elle eut la sagesse de ne se point laisser éblouir par les avantages qu'elle avoit eus sur des princes puissans, ni par leurs négociations trompeuses. Elle ne se servit de sa puissance que pour être heureuse. Moins sage qu'elle ne l'a été, elle auroit pu se faire craindre ; elle se contente de se faire estimer.

Après le tableau que j'ai mis sous vos yeux, de la situation des différens états que les barbares du nord ont fondés, il vous sera aisé, Monseigneur, de deviner par quelles raisons aucune de ces puissances n'est parvenue à dominer les autres, et à jouer dans l'Europe moderne le rôle que les Mèdes, les Perses et les Macédoniens ont fait dans l'Asie, les Spartiates dans la Grèce, et les Romains dans le monde entier. Vous avez dû voir que le gouvernement féodal, qui réunissoit tous les vices politiques, affoiblissoit prodigieusement les royaumes en apparence les plus forts, et les tenoit dans l'impuissance d'agir au dehors avec succès par la voie de la force, ou de s'y faire estimer et respecter par la sagesse uniforme et constante de leur conduite.

Les nations concentrées en elles-mêmes par leurs propres divisions, et dont toutes les parties étoient ennemies les unes des autres, étoient continuellement occupées des guerres domestiques que faisoit naître l'absurdité des lois ; et avant que de se rendre redoutables au-dehors, il falloit qu'elles détruisissent leur police féodale. Les rois dont la suzeraineté s'étendoit sur un grand pays, n'avoient que l'avantage d'avoir des vassaux plus puissans, et par conséquent plus indociles. Les princes les plus considérables n'avoient que leurs domaines pour subsister; ils n'étoient suivis à la guerre que par leurs vassaux immédiats dont le service étoit souvent incertain et toujours très-court; ainsi les entreprises, à peine ébauchées, ne pouvoient jamais avoir des suites importantes. Faute de discipline et d'art, la fortune décidoit des succès, et la fortune n'est jamais constante. De-là ces trèves ridicules que le vainqueur, toujours épuisé, étoit obligé d'accorder au vaincu, qui avoit le temps de réparer ses pertes pour recommencer encore une guerre inutile. Toutes les villes, tous les bourgs, tous les villages étoient fortifiés ; et avec les batailles qui soumirent l'Asie aux Perses et aux Macédoniens, Cyrus et Alexandre auroient à peine conquis une province en France et en Allemagne.

Rappelez-vous, Monseigneur, l'histoire d'Espagne, depuis cette époque célèbre où le comte Julien, pour se venger du roi Rodrigue qui avoit déshonoré sa fille, appela les Sarrasins dans sa patrie, jusqu'au temps que Ferdinand le Catholique réunit sous son pouvoir toutes les provinces qui composent aujourd'hui la monarchie espagnole. Si pendant cette longue suite de guerres, qui durèrent près de huit siècles, on n'examine que la conduite des chrétiens, on est étonné que les Arabes ne les subjuguent pas promptement. Si on ne fait attention qu'à celles des Arabes, on est surpris qu'ils ne soient pas repoussés en Afrique après quelques campagnes. C'est que les uns ni les autres n'avoient dans leur gouvernement le principe d'une prospérité constante. Leurs lois étoient également barbares et vicieuses. Les succès tenant à des causes particulières et momentanées, disparoissoient avec elles. Tantôt les états du Miramolin sont déchirés par des guerres civiles, et tantôt ce sont les chrétiens qui sont divisés entre eux. Alphonse IV, surnommé le Grand, remplit l'Espagne de la terreur de son nom; chaque jour est marqué par quelque avantage; et il est prêt à accabler ses ennemis; mais il meurt, et Almanzor qui monte sur le trône chancelant de Cordoue, repousse les Chrétiens consternés dans les montagnes des Asturies. Il leur enlève le royaume de Léon, la Galice, la Vieille-Castille, et une grande partie du Portugal; mais son successeur, qui n'a pas ses talens, n'aura pas ses succès. Rien n'est décisif, rien ne finit, et l'Espagne est toujours partagée entre des peuples ennemis qui ont à peu près les mêmes vices, ou des vices qui leur sont également nuisibles.

Mais pourquoi m'arrêterois-je plus long-temps à parler des malheurs d'un pays qui vous est cher? Les mêmes causes qui, pendant plusieurs siècles, ont entretenu une rivalité impuissante entre les chrétiens et les Arabes d'Espagne, ont nourri des haines ambitieuses et inutiles en Europe depuis trois siècles. Ce n'est plus par notre vertu et notre force, disoit Cicéron, que nous subsistons aujourd'hui; c'est par l'ignorante stupidité de nos ennemis, qui ne savent pas profiter de nos vices et de nos fautes pour hâter notre ruine où nous nous précipitons nous-mêmes. Il n'y avoit point d'état en Europe, qui, dans le moment même qu'il formoit des projets ambitieux d'agrandisement, n'eût dû dire de lui-même ce que Cicéron disoit de la république romaine. En effet, la France avoit-elle sous

Charles VIII les choses nécessaires pour établir son empire sur l'Italie ? Charles-Quint avoit de rares talens ; mais s'il vouloit faire de grandes choses, pourquoi formoit-il des entreprises au-dessus de ses forces ? Pourquoi laissoit-il dans sa maison un projet d'élévation qu'il seroit impossible d'exécuter ? A quoi ont abouti les forces dont Louis XIV a étonné l'Europe? Quel fruit les Anglais retireront-ils des entreprises qui les épuisent ?

Les mêmes vices, Monseigneur, les mêmes fautes politiques qui ont entretenu en Espagne une sorte d'équilibre entre les peuples qui vouloient y dominer, ont fait échouer en Europe les princes qui ont aspiré à la monarchie universelle; et les ambitieux qui voudront les imiter ne doivent pas s'attendre à un sort plus heureux. A peine s'élève-t-il une grande puissance en Europe, qu'elle doit s'affoiblir par l'abus qu'elle fait de ses forces et de sa fortune. On a de l'inquiétude et de la vanité ; mais on n'a point une véritable ambition. C'est précisément parce que les états sont trop grands et trop étendus, que la politique est incapable de les agrandir encore. Les intrigues des cours, les intérêts particuliers de quelques courtisans accrédités décident de tout; et ne voyons-nous pas que la république romaine perdit ses forces, quand les mêmes vices infestèrent la place publique? Quand les princes auront du courage et de l'élévation dans l'esprit, la flatterie en abusera pour leur faire concevoir des espérances chimériques. A peine auront-ils commencé à agir, qu'ils seront obligés de recourir à des expédiens; et ce n'est point en imaginant des expédiens qu'un état élève sa fortune.

Ne cherchez en Europe aucune vue systématique, aucune prévoyance, aucune tenue, aucune suite; vous y trouverez au contraire des contradictions ridicules, de grands projets et de petits moyens. Vous verrez des princes qui veulent être conquérans, et qui éteignent dans leur nation le génie militaire. Vous verrez de grandes armées et des soldats mercenaires ramassés dans la lie du peuple. On médite la monarchie universelle, et on regarde la prise d'une bicoque comme une conquête importante. Le même prince qui veut avoir une nation militaire, lui inspire le goût du commerce et du luxe, pour augmenter le produit de ses douanes. On montre beaucoup d'ambition et peu de forces, et il faudroit montrer beaucoup de forces et peu d'ambition. Avec une pareille politique, une puissance doit échouer au moindre revers, s'affoiblir par ses succès mêmes, et ne point accabler un état plus foible qu'elle. L'Europe a employé plus de sang, plus d'argent, plus de stratagêmes, plus d'intrigues et de fourberies, qu'il n'en faudroit pour conquérir le monde entier; et cependant aucun état n'a en effet augmenté sa fortune. Quand je vois nos guerriers, il me semble voir des convalescens exténués et qui ne peuvent se soutenir, joûter ou lutter les uns contre les autres, et après le plus léger effort se demander grâce et la permission de se reposer.

Avec la politique dure, avare et ambitieuse qui fit perdre aux Spartiates l'empire de la Grèce, pourquoi un état moderne prétend-il acquérir l'empire de l'Europe? C'est bien par un autre art que le nôtre que les Romains conquirent le monde. Lois impartiales, magistrats puissans, mais esclaves des lois; citoyens libres, mais qui savoient qu'il n'y a point de liberté pour qui n'aime pas les lois; vertus civiles, vertus politiques, amour de la gloire, amour de la patrie, discipline austère et savante, ils avoient tout ce qui est nécessaire pour rendre un peuple puissant. Ils pouvoient inspirer de la terreur; et en se conciliant des alliés par leur générosité, ils ne vouloient pas même réduire leurs ennemis au désespoir. Nos états modernes, dont les vertus et les vices sont à peu près les mêmes, et qui n'ont que l'ambition ruineuse que les Romains montrèrent dans leur décadence, pourquoi ont-ils l'audace d'aspirer ouvertement à la même fortune?

Comparez, Monseigneur, la conduite des princes de l'Europe qui ont été les plus ambitieux, à celle de Cyrus et de Philippe de Macédoine; et vous ne serez point étonné des succès différens qu'ils ont eus. Ceux-ci devoient causer une révolution extraordinaire dans le monde, et porter pour un instant leur royaume au plus haut point de grandeur et de puissance, parce qu'ils commencèrent par se conformer à la plupart des règles que la nature prescrit pour le bonheur des états. Avant que de faire de grandes entreprises, ils corrigèrent les vices de leur nation, ils reprimèrent les abus, ils ne parurent armés que de l'autorité des lois, ils feignirent d'en supporter le joug pour le faire aimer à leurs sujets. Ils ne partoient point d'une cour oisive et voluptueuse pour aller battre leurs ennemis. Tandis qu'ils se comportoient plutôt en administrateurs qu'en maîtres de l'état, les Perses et les Macédoniens animés par ces exemples, se crurent citoyens sous un gouvernement libre, et en eurent les vertus. Par une espèce de prodige, comme le dit Tacite, la majesté de l'empire étoit unie à la liberté publique : grâces à la prudence du prince, c'étoit un gouvernement mixte. Il fut alors aisé en inspirant aux sujets l'amour de la patrie et de la gloire, de les former à la discipline la plus sévère, de leur donner le plus grand courage et la plus grande patience, et d'en faire ainsi des instrumens propres aux plus grandes choses.

Xénophon vous apprendra, Monseigneur, combien Cyrus étoit attaché aux règles de la justice à l'égard de ses sujets, et craignoit d'effaroucher les passions de ses voisins. L'histoire vous dira que Philippe, conduit par un génie aussi grand que son ambition, faisoit mille efforts pour la cacher, et tâchoit de paroître juste en commençant ses entreprises, modéré, et même bienfaisant après la victoire.

En vous exposant, Monseigneur, les raisons qui ont empêché les états modernes de paroître avec le même éclat que quelques nations célèbres de l'antiquité, je vous ai développé, si je ne me trompe, les causes qui, malgré leur foiblesse, les font subsister depuis si long-temps. C'est de cette impuissance même où ils sont de se ruiner les uns les autres, qu'est venue leur longue durée. Livrés à leurs vices depuis que l'argent est le nerf de la guerre et de la paix, et se faisant par inquiétude des blessures qui ne sont pas mortelles, ils sont tombés dans un affaissement qui empêche toujours le vainqueur de porter le dernier coup au vaincu. Chaque état est sur le penchant du précipice ; mais aucun de ses ennemis n'a l'habileté ou la force de l'y faire tomber.

Quel seroit aujourd'hui le sort de la France, si les successeurs de Louis XI, au lieu de se livrer à l'ambition de faire des conquêtes, avoient cultivé la paix avec leurs voisins, porté la fécondité et l'abondance dans leurs provinces, et fait régner, dans leur royaume, ces lois salutaires et saintes qui ne les auroient fait craindre qu'en les faisant aimer et respecter ? A quel degré de gloire, d'élévation et de puissance ne seroit pas parvenue la maison d'Autriche, si Charles-Quint, aussi habile qu'ambitieux, loin de tourmenter l'Europe et de se fatiguer inutilement lui-même, se fût rapproché, autant que les circonstances pouvoient le permettre, des lois par lesquelles la nature ordonne aux états d'être heureux ? Je serois tenté de suivre cette idée ; mais je me borne, Monseigneur, à vous prier de faire vous-même cet ouvrage.

Comparez ce qu'un siècle de justice, de sagesse et de modération auroit valu aux princes autrichiens, à ce que deux siècles d'intrigue, de guerre et d'ambition leur ont fait perdre.

Cherchez encore à pénétrer quel auroit été le sort de l'Europe, si la révolution par laquelle les Vénitiens dépouillèrent leur doge de son autorité, avoit eu chez eux les mêmes suites que la révolution des Tarquins eut chez les Romains. Supposez que les tribuns du peuple de Venise eussent établi solidement la liberté, que les lois fussent devenues impartiales; et qu'elles eussent acquis un empire absolu sur les citoyens et les magistrats; supposez à Venise les mêmes mœurs, la même discipline et la même modération qu'eut Lacédémone, ou les mêmes mœurs, la même discipline et la même ambition qu'eut la république romaine; et vous verrez, si je ne me trompe, que les Vénitiens auroient acquis, en Europe, la même considération que les Spartiates eurent autrefois dans la Grèce, ou l'empire que les romains exercèrent sur le monde entier. Ce travail, tout chimérique qu'il paroît, ne vous sera pas inutile ; il servira à graver plus profondément dans votre esprit les vérités politiques que je vous ai présentées ; et, ce qui vaut encore mieux, Monseigneur, il servira à vous les faire aimer.

# SECONDE PARTIE.

## CHAPITRE PREMIER.

**OBJET DE CETTE SECONDE PARTIE.**

*Réflexions générales sur quelques états de l'Europe où le prince possède toute la puissance publique.*

Les cinq vérités, Monseigneur, que je viens d'avoir l'honneur de vous exposer dans la première partie de cet ouvrage, sont les résultats généraux de l'étude de l'histoire. Voilà, quoi qu'on en puisse dire, à quoi se réduit toute la science de rendre les sociétés heureuses et florissantes. Le reste n'est qu'une pure charlatanerie dont les intrigans et les ambitieux couvrent leur ignorance ou leurs mauvaises intentions. Cette charlatanerie, qu'on ose appeller politique, n'est propre qu'à tromper les peuples et à pallier leurs maux. Marchant à tâtons, toujours subordonnée aux circonstances, aux passions et aux événemens, elle est tour-à-tour heureuse ou malheureuse, comme il plait à la fortune. Elle échoue aujourd'hui par les mêmes moyens qui la firent réussir hier; et on ne peut extraire de ses disgraces ou de ses succès aucun principe fixe ni aucune règle certaine.

Je suis persuadé qu'en vous rappelant la suite et l'enchainement des faits historiques, que je vous ai indiqués, vous vous convaincrez chaque jour davantage que le bonheur est le fruit de la sagesse. Mais vous ne devez pas, Monseigneur, vous en tenir là. La théorie n'est rien, si elle n'est suivie de la pratique; et la vérité ne doit pas être stérile entre les mains d'un prince. Puisque vous connoissez les sources où la politique va puiser le bonheur, commencez par vous servir de cette connoissance pour votre propre avantage. Dites-vous tous les jours que vous rendrez vos sujets heureux; dites-vous tous les jours que c'est votre devoir, et qu'en le remplissant vous goûterez la satisfaction la plus pure. Avant que de faire l'examen du gouvernement des duchés de Parme et Plaisance ; avant que d'en méditer la réforme, commencez par étudier les gouvernemens actuels de l'Europe, et juger lesquels d'entre eux s'approchent ou s'éloignent davantage des règles prescrites par la nature. En voyant les différentes formes que la société a prises en Europe, vous sentirez en quelque sorte les ressources de votre esprit s'étendre et se multiplier. Ce tableau, peut-être plus intéressant pour vous que l'histoire des siècles passés, vous rendra plus sensibles les vérités que vous aimez. D'ailleurs cette étude est absolument nécessaire à un prince; sa sûreté en dépend. Comment se comporteroit-il avec prudence à l'égard des étrangers, s'il ignoroit ce que le gouvernement de chaque peuple lui ordonne d'en espérer ou d'en craindre ?

Je ne m'étendrai pas sur les différens pays où le gouvernement est purement monarchique, c'est-à-dire, où le prince possède toute l'autorité publique. Quoiqu'il y ait de grands rois qui méritent l'amour, l'estime et la confiance de leurs sujets, il est à craindre que les réflexions que j'ai faites sur le despotisme en général, ne puissent toujours s'appliquer à chaque état où la volonté seule du prince fait la loi. En effet, quand on supposeroit le plus vaste génie à la tête d'un royaume, quand le monarque posséderoit toutes les vertus d'Aristide et de Socrate, je suis sûr que ses états seront exposés à plusieurs injustices et à plusieurs abus. Ne pouvant ni tout voir ni tout faire par lui-même, il sentira, au milieu de ses opérations, qu'il est accablé d'un poids trop pesant pour les forces d'un homme. Je consens qu'on soit heureux; mais qu'est-ce qu'un bonheur attaché à la vie d'un prince, et qui peut vous échapper à chaque instant? La crainte de l'avenir ne permet pas de jouir du présent : les sujets peuvent donner leur confiance au prince; mais ils la refuseront à son gouvernement.

Je sens, Monseigneur, combien est délicate la matière que je traite dans la seconde partie de mon ouvrage. Je connois assez les préjugés et les passions qui gouvernent la plupart des hommes, pour ne pas ignorer qu'en osant faire quelques remarques critiques sur les gouvernemens actuels de l'Europe, je m'expose à une sorte de censure. Mais, Monseigneur, vous répondrez pour moi à ces censeurs ; vous leur imposerez silence en disant que vous aimez la vérité et que je vous la dois. Vous leur direz que, si mes réflexions sont vraies, il faut en profiter ; et que, si je me suis trompé, on doit encore quelque reconnoissance à la peine que j'ai prise. Vous ajouterez enfin que la maxime qui défend d'appercevoir les défauts et les erreurs du gouvernement, est une maxime pernicieuse, inventée par les ennemis de la société, et qui ne peut être défendue que par ceux qui profitent des mauvais établissemens et qui craignent les bonnes lois.

Si je vous faisois, Monseigneur, un tableau fidèle de la situation actuelle de la plupart des monarchies de l'Europe, ce que je vous dirois aujourd'hui ne seroit peut-être pas vrai demain ; car le vice fondamental de ces gouvernemens, c'est de n'avoir que des règles flottantes, incertaines et mobiles. Dans les états libres, la république donne son caractère aux magistrats :

dans les monarchies, le prince imprime le sien aux lois et aux affaires. Par un plus grand malheur encore, il n'est que trop ordinaire que les ministres et les personnes chargées d'une administration importante, n'aient aucun caractère, parce qu'elles se sont accoutumées à se laisser conduire par la faveur qui leur donne chaque jour des intérêts opposés. On est gouverné par les événemens qu'on devroit diriger et les caprices de la fortune décident par conséquent de tout.

Quoique le prince, dans toutes les monarchies de l'Europe, possède seul la puissance souveraine, l'exercice de cette puissance n'est pas le même par-tout. Les peuples ont un caractère qui assigne des bornes à un pouvoir qui n'en reconnoît aucune. D'anciennes traditions, de vieilles lois, des préjugés, des passions forment, dans chaque état, des mœurs publiques et une sorte de routine et d'allure, qui se font respecter jusqu'à un certain point par le souverain même. Le monarque le plus absolu a beau se dire qu'il peut tout, il sent qu'il n'est qu'un homme, et que s'il choque et révolte tous ses sujets, il ne pourra leur opposer que les forces d'un seul homme.

Les Français et les Russes conviennent également que le prince est suprême législateur ; en France, cependant, la monarchie n'est pas la même qu'en Russie. Dans le premier royaume, des corps entiers de magistrats aimés, considérés et respectés disent qu'ils sont les dépositaires, les gardiens et les conservateurs des lois. En accordant tout au prince, ils attachent à leur enregistrement je ne sais quelle force qu'on ne peut définir, et on est convenu de dire, peut-être sans se trop entendre, que le législateur doit gouverner conformément aux lois. Le sénat de Russie, au contraire, loin d'oser modifier ou rejeter une loi, se croiroit coupable de lèse-majesté, s'il osoit l'examiner ; il croit qu'il est de l'essence de la puissance législative de ne connoître aucune borne et de pouvoir à son gré changer, annuller et abroger toutes les lois. Le czar est le chef de son église, et la religion qui est en quelque sorte soumise au gouvernement, en augmente beaucoup l'autorité. Le clergé de France, libre et indépendant dans les choses ecclésiastiques ou spirituelles, exerce une sorte d'empire sur le gouvernement qui sait qu'il ne doit point porter la main à l'encensoir. Tandis que la noblesse russe qui s'est formée sans avoir jamais eu de pouvoir et de crédit, pense sans orgueil d'elle-même et ne porte qu'un vain nom, la haute noblesse de France qui n'a pas perdu le souvenir de ses anciens fiefs, en voit encore subsister quelque traces dont elle se glorifie. Elle a conservé ses mœurs particulières qu'elle a communiquées à une noblesse inférieure qui se fait une gloire de l'imiter. Tous obéissent au gouvernement, et prétendent aussi obéir à ce qu'ils appellent leur honneur. La nation française cultive les arts et les sciences; vaine, frivole, dissipée, spirituelle, glorieuse, légère, inconstante, elle s'est fait un goût fin et délicat sur les bienséances et les procédés qu'il seroit dangereux d'offenser. Rien de tout cela n'est en Russie. A force d'ignorance, d'injustice et de barbarie, les hommes distribués ailleurs en différentes classes, y sont tous mis dans la dernière. Remarquez, je vous prie, Monseigneur, que l'égalité qui assure la liberté des citoyens dans les états libres, n'est propre, dans les autres pays, qu'à rendre le joug du despotisme plus accablant. Le czar parle, voilà la loi. Pourvu qu'il ne choque point les préjugés ou les passions de sa garde, il est le maître absolu, tant qu'elle le laisse sur le trône.

Veut-on connoître la force de l'empire que le génie d'une nation exerce sur elle-même ? Il suffit de faire un retour sur son propre cœur, d'examiner avec quelle confiance on s'abandonne aux absurdités au milieu desquelles on est né ; combien il en coûte à la raison pour déranger les habitudes qu'on a contractées. Quel doit donc être le sort des nations entières qui sont emportées rapidement par le préjugé général qui les gouverne, et qui leur tient lieu de raison, de sagesse et de réflexion.

Il y a un siècle que le Danemark avoit encore une couronne élective, et des états-généraux qui ne vouloient confier au roi et au sénat que le pouvoir nécessaire pour faire exécuter les lois. Les mesures capables d'affermir cette forme de gouvernement avoient été mal prises ; le sénat en abusa pour usurper des droits qui ne lui appartenoient pas. Il éluda la force des lois, et sous prétexte de les faire exécuter ou de produire un plus grand bien, il ne faisoit en effet exécuter que ses ordres. Favorisé dans son usurpation par la noblesse, dont il protégeoit les injustices, il s'étoit rendu également odieux et redoutable au roi, au clergé et au peuple. L'oppression réunit les opprimés, et les états de 1660, en détruisant l'autorité du sénat et de la noblesse, conférèrent au roi la puissance la plus despotique.

Ne consultez que l'acte par lequel les états-généraux se sont démis de leur pouvoir pour le conférer au prince, et vous croirez que le roi de Danemark est à Copenhague un véritable sultan. Les Danois semblent avoir rafiné l'art de la servitude ; on diroit qu'ils ont regardé l'ombre même ou l'espérance de la liberté comme la source de tous les maux de leur nation. Pourquoi ces redoutables monarques ont-ils cependant continué à gouverner avec autant de modération que quelques autres princes moins puissans qu'eux? c'est qu'ils ont été gênés par les mœurs de la nation qui, en se faisant esclave, a conservé quelques qualités d'un peuple libre. Ce ne furent ni la crainte ni l'esprit de servitude qui produisirent la révolution de 1660; c'est parce que les Danois avoient du courage et ne pouvoient s'accoutumer à la domination de la noblesse, que leur orgueil se souleva contre la tyrannie du sénat. Ils se livrèrent avec emportement à une haine aveugle. La nation ne crut pouvoir jamais trop humilier ses ennemis : pour les perdre sans retour, elle se chargea elle-même de fers, et s'ôta avec soin tous les moyens de pouvoir recouvrer sa liberté. Ce triomphe bizarre et ridicule lui cacha sa servitude, et lui donna de la fierté. *Vous vouliez nous accabler,* disoient les Danois au sénat et à la noblesse, *et c'est nous qui vous opprimons.* Ils se persuadèrent qu'après le bienfait qu'ils avoient accordé au prince, il seroit leur ami et leur protecteur. Ces étranges idées entretinrent, au milieu du despotisme, des mœurs libres et indépendantes. Le germe n'en a pas été étouffé, l'habitude les conserve encore ; et tant qu'elles subsisteront, les rois de Danemark, avant que d'agir, les consulteront avec plus de soin que les lois qui leur permettent de tout faire impunément.

Etudiez avec soin, Monseigneur, le caractère de chaque nation, et vous verrez que chaque état est plus ou moins avancé dans le despotisme; suivant que les esprits osent plus ou moins penser par eux-mêmes ou n'ont que les idées qu'on leur donne. Il y a des peuples qui ne peuvent souffrir ni une entière servitude ni une entière liberté; et les passions des sujets contiennent alors celles du prince. Dans ce mélange de fierté et d'abaissement, une nation peut encore se faire respecter; elle porte encore en elle-même un ressort capable de la mouvoir et de la faire agir; elle peut encore espérer des succès et des lueurs de prospérité. Combien de conséquences ne pourrez-vous pas tirer de ces réflexions? Vous penserez que plus la monarchie emploie d'art et de politique, si je puis parler ainsi, à se despotiser, plus elle travaille contre les vrais intérêts du monarque. Ce qu'elle regarde comme un avantage, est une véritable dégradation. Plus le prince appesantira son autorité sur ses sujets, moins il se fera craindre et respecter par ses voisins et ses ennemis; à mesure qu'il paroîtra plus puissant au-dedans, son peuple paroîtra plus foible au-dehors.

Je vous prie d'examiner qu'elles sont les passions et les qualités les plus propres à retenir la monarchie dans de certaines bornes ; et vous vous en instruirez dans l'histoire des peuples qui ont défendu pendant long-temps leur liberté, et dans l'histoire des peuples qui se sont trouvés esclaves avant même que de soupçonner qu'ils pussent cesser d'être libres. Une nation est-elle accusée d'inconstance et de légèreté? se livre-t-elle aux nouveautés? fait-elle peu de cas de ses anciens établissemens? Vous devez être sûr que son inconsidération n'est pas d'un bon augure pour l'avenir. Mais, sans m'arrêter à ces détails, je me contenterai de remarquer que trois causes contribuent principalement aux progrès du despotisme; la crainte, le luxe et la pauvreté.

La promptitude avec laquelle les romains, c'est-à-dire, le peuple de l'antiquité qui a eu le plus en horreur la tyrannie, passèrent de la plus grande liberté à la servitude la plus accablante, prouve toute l'étendue du pouvoir que la crainte a sur nos esprits. Les proscriptions d'Octave, d'Antoine et de Lépidus glacèrent à un tel point l'ame de leurs concitoyens, qu'ils adorèrent leur tyran, parce qu'il voulut bien paroître humain quand il n'eut plus besoin de répandre du sang pour régner tranquillement. Sous Tibère, ils se portèrent si avidement au-devant du joug, que ce prince, le plus timide et le plus soupçonneux des hommes, s'en plaignoit quelquefois, et auroit voulu retrouver quelque trace d'une liberté qu'il redoutoit. Ne soyons point étonnés de ce changement dans un peuple qui venoit de voir des Brutus et des Cassius. Quand l'innocent ne peut plus compter sur son innocence; quand il n'est plus de sûreté pour l'homme de bien; quand les dangers qui nous menacent sont assez grands pour ne nous occuper que de nous-mêmes, la terreur anéantit en quelque sorte toutes les facultés de notre ame, et la politique n'a plus de ressources pour nous délivrer de cette passion impérieuse. Vous l'avez vu : Marc-Aurèle tenta inutilement de se dépouiller d'une partie de sa puissance, et de rendre au sénat et à la ville de Rome une sorte de dignité ; la crainte avoit trop accablé les esprits, et la servitude avoit déjà fait naître l'amour de la servitude.

Les ames ne se dégradent peut-être pas moins par le luxe que par la crainte ; et le despotisme l'a souvent employé avec succès. Chaque besoin superflu que donne le luxe, est une chaîne qui servira à nous garrotter. Le propre du luxe est d'avilir les esprits au point de n'estimer et de ne considérer que le luxe; dès-lors nous ne sommes gouvernés que par les passions les plus méprisables. Une fortune médiocre nous paroit le plus grand des maux, et la fortune la plus immense ne nous paroîtra qu'une fortune médiocre. Nous vendrons notre liberté à vil prix, parce que nous sommes incapables d'en connoître la valeur.

Il est une pauvreté que donnent les bonnes

mœurs, qui est l'ame de la justice, et qui fera de grandes choses; c'est la pauvreté qui se contente du nécessaire et qui méprise les richesses. Mais cette pauvreté qui est une suite du luxe et des rapines du gouvernement, ne fait que des séditieux qui veulent troubler l'état pour le piller, ou des mercenaires qui ne demandent que des salaires. Le mal est parvenu à son comble, quand les sujets ne vivent plus que des bienfaits du gouvernement, ou que, n'attendant rien de leur économie ni de leur industrie, ils se sont accoutumés à leur misère, et regardent leur paresse comme le plus grand bien.

## CHAPITRE II.

*Du gouvernement des Cantons Suisses, de la Pologne, de Venise et de Gênes.*

La Suisse vous présente, Monseigneur, une image de la république fédérative des anciens Grecs. Si cet heureux pays n'a pas une Lacédémone, tous ses cantons, il le faut avouer, sont bien plus sages que ne l'ont été les autres villes de la Grèce. Liés entre eux à peu près par les mêmes alliances qui unissoient les Grecs, aucune rivalité ne les divise. Il faut que le fondement sur lequel porte la sagesse des Suisses soit bien solide, pour que des états libres, indépendans, inégaux en force, et qui n'ont pas la même constitution, n'aient cependant ni ambition, ni crainte, ni jalousie les uns des autres. Les querelles mêmes de religion qui ont allumé tant de guerres et excité des haines éternelles par-tout ailleurs, n'ont causé parmi eux que de légères commotions. Le fanatisme et la vengeance ont fait dans leur ame des traces si peu profondes, qu'une paix sincère a promptement rétabli l'harmonie; les divisions des Suisses ont laissé voir qu'ils étoient hommes, et les suites ont prouvé qu'ils étoient de tous les hommes les plus sages.

C'est dans la Suisse que se sont conservées les idées les plus vraies et les plus naturelles de la société; on n'y croit point qu'un homme doive être sacrifié à un autre homme. Un paysan du pays allemand, dans le canton de Berne, est persuadé, sans orgueil, que les magistrats ne sont que ses gens d'affaires. Vous verrez des citoyens qui obéissent avec respect et sans terreur à des lois impartiales. Le magistrat sans faste, sans décoration extérieure, et tiré du corps des métiers, ne paroît point armé de ce pouvoir imposant dont on voit ailleurs que les lois ont besoin pour soutenir leur majesté presque toujours violée. La simplicité du gouvernement Helvétique est admirable, et toute la machine est mue par un petit nombre de ressorts. Pourquoi les mouvemens en sont-ils exacts, réguliers et prompts? pourquoi ne voit-on point, dans la Suisse, de ces brigues, de ces factions, de ces intrigues, de ces révolutions si communes dans les pays libres? pourquoi les Cantons ne se fatiguent-ils point par des négociations continuelles, des craintes et des soupçons réciproques? Après avoir recouvré et affermi leur liberté les armes à la main, pourquoi les Suisses, du haut de leurs montagnes, semblent-ils regarder en pitié les troubles puérils, mais cruels, de l'Europe, sans y prendre part?

C'est que les Suisses ont des mœurs, et n'ont pas nos malheureuses passions. En établissant leur république, ils ont compris cette grande vérité, que le bonheur n'est point l'ouvrage des richesses, du luxe, de la mollesse, de l'ambition et de la tyrannie, et que la probité est l'appui le plus solide du gouvernement. Vous aurez souvent occasion, Monseigneur, de remarquer que les législateurs n'ont toujours accablé les peuples de lois inutiles, que parce qu'ils ont d'abord négligé de régler les mœurs. On n'a pas observé que nos vices se reproduisent et se multiplient avec une prodigieuse célérité, quand on laisse subsister le foyer qui les produit. On a augmenté le nombre des magistrats, on a étendu leur pouvoir pour donner de la force aux lois et de la dignité au gouvernement ; mais il falloit prévoir que les nouvelles lois ne seroient pas plus respectées que les anciennes, et que cent magistrats corrompus n'en vaudroient pas un qui auroit de la probité.

Des lois somptuaires, en privant les Suisses de la plupart des besoins des autres nations, accoutument leur ame à la modération, à la frugalité, au travail et à l'économie, et rendent superflue une grande fortune dont ils n'oseroient ni ne sauroient jouir. Aucun citoyen n'est pauvre, parce qu'aucun citoyen n'est trop riche ; ainsi la république ne connoît ni les vices que donnent les richesses, ni les vices que donne la pauvreté. De cette source découle l'impartialité des lois. Tout le monde leur obéit, parce qu'elles paroissent justes à tout le monde ; et le magistrat ne peut que rarement abuser de son autorité. Il n'en abusera même que dans des choses peu importantes ; car on n'a point pour des magistrats la même complaisance que pour des princes.

Si des lois partiales offensoient une partie des citoyens pour favoriser l'autre ; si les magistrats pouvoient trouver un intérêt à être avares et ambitieux, les mêmes divisions qui perdirent la Grèce perdroient bientôt la Suisse. Au lieu de ne songer qu'à se conserver, les Cantons aspireroient à s'agrandir. Ils prendroient part imprudemment aux querelles de leurs voisins, ils leur permettroient de se mêler de leurs affaires domestiques ; et de vains traités, de frivoles garanties les exposeroient à tous les malheurs qu'ils croiroient prévenir.

Les Suisses, ne s'exposant point par ambition aux périls d'une fortune hasardeuse, ont toujours des magistrats assez habiles et assez expérimentés pour les gouverner. Ils ne trouvent aucun écueil sur leur route, et jamais ils ne sont obligés d'ébranler ou d'altérer les principes de leur gouvernement, en recourant à des moyens extraordinaires pour se sauver des dangers extraordinaires auxquels une nation ambitieuse est nécessairement exposée. C'est par cette double sagesse du gouvernement à l'égard des citoyens, et de la république entière envers les étrangers, que la Suisse paroît ne devoir craindre aucune révolution. Outre, que suivant le précepte de Lycurgue, elle ne possède pas des richesses capables de tenter la cupidité de ses voisins, son territoire est naturellement fortifié. En y pénétrant, un ennemi se croiroit transporté dans ces champs de la fable qui produisoient des hommes tout armés. Sans faire la guerre pour leur compte, les Cantons ont la prudence de se faire des soldats aux dépens de la folie inquiète et ambitieuse des autres nations. Heureux les Suisses, si le service étranger sert à purger leur pays des hommes qui n'ont pas l'ame républicaine, et n'en ouvre pas l'entrée aux vices de leurs voisins! S'ils perdent leurs mœurs, ils éprouveront une révolution subite. Les magistrats trop foibles alors pour contenir les citoyens qui leur communiqueront leurs vices, seront cependant trop forts pour obéir aux lois. Cette exactitude scrupuleuse et même minutieuse sur les mœurs, que les peuples corrompus appellent pédanterie, et dont les sages de l'antiquité faisoient tant de cas, est plus nécessaire aux Cantons Helvétiques qu'à tout autre peuple de l'Europe. Leurs magistrats doivent être d'autant plus attentifs, que la corruption ne peut commencer chez eux que par des bagatelles dont il seroit insensé de s'inquiéter de l'autre côté du lac de Genêve ou sur les terres de France.

Je vous prie, Monseigneur, quittez la lecture de mon ouvrage, lisez dans Tite-Live le discours admirable que cet historien met dans la bouche de Caton, en faveur de la loi Oppia. Il vous dira pourquoi le luxe et l'avarice qui le suit, ont détruit tous les empires. Vous verrez que les alarmes de Caton n'étoient point de vaines alarmes. Tout ce qu'il avoit prévu arriva dès qu'on eut permis aux dames romaines de porter des parures enrichies d'or et de pourpre. Pour contenter leurs femmes, les maris troublèrent la république par leurs intrigues, et vendirent leurs suffrages. Ils firent la guerre pour piller, et commandèrent les provinces comme des brigands. Vous savez le mot de Jugurtha : *ô ville vénale, que tu périrois promptement, si quelque prince étoit assez riche pour t'acheter!* La Suisse, corrompue par l'amour de l'argent, ne devroit-elle pas craindre un nouveau Philippe de Macédoine, qui faisoit précéder son armée par des mulets chargés d'or. Qui oseroit répondre que sa confédération subsistât, que les Cantons divisés ne se détruisissent pas les uns les autres par leurs propres armes? Que l'exemple des Grecs qui ne périrent que quand ils eurent rompu leur alliance, soit toujours présent à leur mémoire. Que dans leurs querelles domestiques, s'il leur en survient, ils pensent que leur union est leur plus grand bien. Qu'ils ne permettent jamais aux étrangers d'être leurs auxiliaires, ni même leurs médiateurs. Puisse cet heureux pays ne posséder que des Aristide, des Phocion, et n'élever jamais à la magistrature des Périclès ni des Lysander!

Je vais mettre sous vos yeux, Monseigneur, un tableau bien différent de celui que je viens de vous présenter. Rappellez-vous, je vous prie, l'idée qu'on vous a donnée du gouvernement des Français après le règne de Clotaire II, et vous connoîtrez à peu de chose près, le gouvernement actuel de la Pologne. Chaque gentilhomme polonais est une espèce de souverain dans ses possessions ; il a le droit de glaive et de justice sur tous ses sujets ou ses serfs ; et ces malheureux ne jouissent de quelques droits de l'humanité, que parce qu'il est heureusement impossible de les violer tous. Paysans, bourgeois, tout ce qui n'est pas noble, se trouve, par principe, ennemi d'une constitution politique, qui, loin de protéger les foibles, favorise au contraire la tyrannie des plus forts. Tandis qu'une noblesse fière s'est emparée de tout le pouvoir, et ne veut point obéir aux lois, de vastes provinces sont habitées et nonchalamment cultivées par des serfs. Ces ilotes deviendroient redoutables à leurs maîtres, si une longue habitude ne les avoit accoutumés à tout souffrir, ou si le malheur de leur condition ne s'opposoit à leur multiplication. N'en doutez pas, sans cet anéantissement du peuple, la Pologne auroit sa guerre de la *jacquerie*, comme la France a eu la sienne; et les serfs polonais iroient à la chasse des gentilshommes, comme les Spartiates alloient autrefois à celle des ilotes qu'ils redoutoient. Les seuls nobles sont citoyens en Pologne, et tant la constitution de la république est vicieuse, ces citoyens, malgré leur amour effréné pour la liberté, sont plutôt des despotes que des républicains, et déchirent leur patrie qu'ils aiment, parce qu'ils ne savent pas être libres.

Il y a peu de princes en Europe qui aient autant de grâces à distribuer qu'un roi de Pologne. Il dispose des biens royaux, appellés *starosties, ténutes,* ou *advocaties,* dont le nombre est très-considérable; il nomme à toutes les prélatures, aux palatinats et aux castellanies qui ouvrent l'entrée du sénat à ceux qui en sont revêtus; il confère toutes les charges, entre lesquelles il faut distinguer celles de grand-général, de grand-chancelier, de grand-trésorier et de grand-maréchal; magistratures importantes qui embrassent et partagent entre elles tous les objets relatifs à l'administration. Le prince représente la majesté de l'état; il forme seul un ordre de la république, et préside le sénat chargé de la puissance exécutrice. Avec des prérogatives beaucoup moins étendues, combien de rois ont réussi à se rendre absolus. En Pologne, au contraire, tout cela n'a servi qu'à faire naître la plus parfaite anarchie. Ce phénomène politique mérite, Monseigneur, que vous vous arrêtiez un moment à le considérer.

Si la couronne avoit été héréditaire, les Polonais, toujours jaloux de leur liberté, auroient sans doute pris des mesures pour se délivrer de la crainte que le pouvoir et l'ambition de leur roi leur auroient inspirée. Vraisemblablement ils auroient tari dans ses mains la source de ces grâces qui lui donnent tant de courtisans et de créatures. La diète de la nation les auroit distribuées elle-même pour attacher les citoyens à ses intérêts, et le prince qui n'auroit eu aucun moyen pour corrompre et étendre son autorité auroit été obligé de se soumettre aux lois, et en état de les faire observer. Malheureusement les Polonais, trop pleins de confiance en eux-mêmes, ne purent se persuader qu'un roi qu'ils avoient élu librement, qui étoit lié par les sermens les plus sacrés, et dont on observeroit sans cesse toutes les démarches, osât méditer la ruine des priviléges de la nation et former le projet de s'en rendre le maître. Il est vrai que la Pologne a conservé sa liberté; mais la liberté étoit-elle le seul bien que les Polonais devoient désirer? Si les rois n'ont pu asservir la nation, ils ont du moins réussi à rendre la liberté orageuse : et la licence qui en a pris la place ne peut s'associer avec aucune loi raisonnable.

Il s'est formé un esprit singulier dans la république. On se défia du prince jusqu'à le haïr, parce qu'il avoit de grandes faveurs à répandre, et cependant on fut son courtisan. Pour obtenir des starosties et des charges, on fit des bassesses et des lâchetés; on reprit sa fierté naturelle après les avoir obtenues, et on n'eut aucune reconnoissance. On vit à la fois des intrigues de courtisans et des factions de républicains. Il est aisé de juger par-là des troubles qui durent agiter la Pologne. Les vices s'accumulèrent de sorte que la république, tombant dans le dernier abaissement, n'eut plus d'alliés, parce qu'elle ne pouvoit leur être d'aucun secours, et fut obligée de se prêter à tous les caprices de ses voisins. On diroit que, pour conserver leur indépendance, les Polonais n'ont voulu avoir aucun gouvernement. Sans l'unanimité qu'ils exigent dans leurs délibérations, sans le *veto* qui rend chaque gentilhomme l'arbitre de la perte ou du salut de l'état, sans l'usage des considérations qui ne sont, à proprement parler, que des conjurations, il y a long-temps qu'ils ne seroient plus libres. Ce sont des vices qui ont paré le mal que pouvoient faire d'autres vices. Mais ces remèdes monstrueux qui multiplient, aggravent et perpétuent les maux de la république, ne deviendront-ils pas à la fin mortels, si elle n'ouvre les yeux sur sa situation, et n'a le courage de faire une réforme nécessaire?

En croyant avoir une puissance législative, la Pologne en effet n'en a aucune; car je vous prie, Monseigneur, de remarquer que la diète générale qui, seule est en droit de faire des lois, n'a qu'un droit dont il lui est en quelque sorte impossible de se servir. Si par hasard elle parvient à faire une loi, cette loi n'aura presque jamais aucune force, car il est rare qu'une diète ne soit pas dissoute, et alors tout ce qu'elle a fait est annullé. L'unanimité requise par les Polonais pour porter une loi, qu'il me soit permis de le dire, est l'absurdité la plus complète qui ait jamais été imaginée en politique. Comment a-t-on pu se flatter que tous les *nonces* ou députés d'un grand royaume à la diète générale, verroient les intérêts publics du même œil, et qu'ils concourroient tous avec le même esprit, les mêmes lumières, le même zèle et le même amour de la patrie à faire des lois? Chaque nonce est le maître de son suffrage, et si l'un d'eux prononce le malheureux mot *veto*, j'empêche; non-seulement l'activité de la diète est suspendue, mais tous les actes qu'elle avoit déjà passés d'une voix unanime sont détruits.

Supposons que par un prodige, une diète générale parvînt à n'éprouver aucune opposition, vous verriez naître des lois auxquelles plusieurs *palatinats* refuseroient d'obéir. Premièrement elles ne seroient point reconnues par les provinces qui n'auroient pas envoyé leurs nonces à la diète générale; et cet événement n'est pas rare, parce que les *diétines ante-comitiales* qu'on tient dans chaque palatinat pour nommer ses représentans et dresser leurs instructions, sont sujettes au redoutable *veto* qui les dissout, et qu'elles se séparent souvent avant que d'avoir rien pu résoudre. En second lieu, ces lois seroient portées aux *diétines post-comitiales* des palatinats, dont les nonces auroient assisté à la diète générale, et il ne faudroit encore que le *veto* d'un gentilhomme pour les détruire ; car les lois de la diète générale n'ont de force qu'autant qu'elles sont reçues unanimement par les membres qui composent les *diétines post-comitiales*.

N'y ayant point de puissance législative en Pologne, vous en devez conclure, Monseigneur, que malgré les fonctions attribuées au roi, au sénat et aux quatre grands officiers de la couronne, il ne peut point y avoir de puissance exécutrice. En effet, si les magistrats chargés de faire observer les lois, avoient assez de force pour contraindre la noblesse à leur obéir, il est vraisemblable qu'ils en auroient profité pour s'emparer de l'autorité qui appartient à la diète générale, et dont elle ne peut se servir. Le roi ne peut rien sans le sénat, le sénat ne peut rien sans le roi. S'ils sont divisés, la république est nécessairement sans activité, et s'ils sont unis, leur union même ne produit qu'un bien médiocre. La noblesse, qui croit toujours qu'on attente à ses prérogatives, est accoutumée à regarder le prince comme son ennemi, et les sénateurs comme des flatteurs plus occupés de leur fortune particulière que de celle de l'état. Elle n'aime, elle ne reconnoît, elle ne protège en quelque sorte que les quatre grands officiers de la couronne, qui, n'étant dans leur origine, comme les maires du palais en France, que les ministres du roi, sont devenus les ministres de la nation. Ils se sont approprié toute l'administration, et en les regardant comme les protecteurs de la liberté, on a ouvert la porte à la licence.

Pour remplir leurs devoirs, ces quatre magistrats devroient être unis, et ils sont toujours divisés. Le Roi, piqué de l'ingratitude qu'ils lui marquent après leur élévation, et jaloux de l'autorité qu'ils exercent, croit devenir lui-même plus puissant, en les empêchant de remplir les fonctions de leurs charges. Il leur suscite, les uns par les autres, des querelles, et ne manque jamais d'associer, dans ce haut ministère, des hommes d'un caractère différent, et qui ont des intéréts contraires. Les rois de Pologne pourroient s'épargner cette précaution inutile et criminelle; dans les gouvernemens les plus sages, la rivalité ne produit que trop souvent la haine entre les magistrats.

Les quatre grands officiers de la couronne, faits pour protéger les lois, peuvent impunément n'obéir qu'à leurs passions. Il est vrai que la diète générale est en droit de leur demander compte de leur administration et de les destituer; mais de leur côté, ils sont les maitres de la dissoudre, si elle osoit former cette entreprise. Chacun d'eux n'a-t-il pas toujours à ses gages quelque nonce prêt à prononcer le destructif *veto* ? Vous voyez par-là,

Monseigneur, que l'injustice, pour s'affermir, se sert de la loi même que les Polonais regardent comme le rempart et la sauve-garde de leur liberté. Je définirois leur magistrature, le privilège de faire impunément et indifféremment le bien et le mal. Ce gouvernement ne se soutient que par une certaine allure et des coutumes que l'anarchie, quelque grande qu'elle soit, ne peut jamais entièrement détruire. Ce cri de la raison et de la justice naturelle, que la méchanceté des hommes ne peut jamais étouffer, se fait entendre dans les affaires particulières des Polonais; un certain honneur qui accompagne la liberté, dicte leurs procédés, et voilà pourquoi ils subsistent encore.

Le comble du malheur, pour cette nation, c'est d'avoir eu l'art malheureux de donner à son anarchie une sorte de stabilité que rien ne peut déranger. Les gouvernemens réguliers sont toujours à la veille d'éprouver quelque changement dans leur constitution ; parce qu'ils doivent continuellement combattre les passions que rien ne lasse, et qui acquièrent dans l'action une nouvelle force et une nouvelle adresse. Les passions, au contraire, sont l'ame et le ressort du gouvernement polonais ; il n'a à redouter que la raison. Mais n'avons-nous pas déja remarqué bien des fois combien elle a peu de force ; et d'ailleurs le *veto* ne lui oppose-t-il pas une barrière insurmontable ? La seule espérance des bons citoyens, c'est que leurs compatriotes, lassés enfin de leurs malheurs, de leurs désordres et des vices qui les asservissent à la Russie, ouvriront les yeux et consentiront, par dépit, à faire des établissemens qui leur assureront une liberté digne de leur courage.

La Pologne ne peut donc éprouver quelque révolution que de la part des étrangers. Il est vrai que son gouvernement l'expose à recevoir des injures fréquentes ; et qu'étant presque inutile à ses alliés, elle n'en peut attendre que des secours très-médiocres. Il est encore vrai que le pays, ouvert de tout côté, et qui doit l'être pour conserver sa liberté, est mal défendu par des milices sans discipline, et par une noblesse indocile qui monte tumultuairement à cheval quand le roi commande la *pospolite* ou l'arrière-ban. Mais s'il est aisé à une armée ennemie de surprendre les Polonais et de parcourir leurs provinces en les ravageant, il seroit plus difficile au vainqueur de s'y établir en conquérant et en maître, que dans plusieurs autres états de l'Europe, dont j'ai parlé dans le chapitre précédent.

Faites la guerre à un monarque despotique, vous trouverez certainement, si ce n'est pas le plus imprudent des hommes, beaucoup plus d'obstacles pour pénétrer sur ses terres que pour entrer en Pologne. Mais dès que vous aurez renversé les forteresses qui couvrent ses frontières, l'intérieur du pays vous sera soumis. Adressez directement vos coups au despote, et si vous avez vaincu sa famille, votre conquête est consommée. Il ne tient qu'à vous de vous y affermir; une politique douce, humaine et bienfaisante, en vous faisant aimer de vos nouveaux sujets, vous fournira mille moyens de les engager à oublier et même haïr leurs anciens maîtres. Car ne croyez pas, Monseigneur, ce qu'on dit de l'amour extrême de toutes les nations pour leurs rois. L'amitié a ses règles, et la nature n'a pas fait le cœur humain pour aimer sans retour. C'est la flatterie qui parle tant d'amour, de dévouement, de sacrifice de sa vie et de ses biens ; mais les flatteurs ne savent ni aimer, ni se dévouer, ni sacrifier leur vie et leurs biens. Il est utile de vous dire cette vérité, afin que vous ne comptiez pas imprudemment sur un sentiment qu'on n'aura point pour vous, si vous ne tâchez de le mériter par des choses utiles et grandes. Je rentre dans mon sujet.

En Pologne, le vainqueur ne pourroit gagner que l'affection du peuple ; mais le peuple est trop asservi pour avoir quelque élévation dans l'ame et lui être utile. La noblesse qui croiroit tout perdre en obéissant à un maître étranger, sera vingt fois vaincue, et ne sera pas soumise. Il faudra faire autant de guerres particulières qu'il y aura, dans la république, de grands seigneurs en état d'assembler des forces pour défendre leur indépendance, ou de gentilshommes jaloux de leur liberté. Dans les périls extrêmes, des hommes libres trouvent en eux des ressources qu'ils ne connoissoient pas. Combien de fois les Polonais n'ont-ils pas déjà trouvé leur salut dans leur désespoir ? Il n'y a point de nation qu'ils ne puissent lasser et épuiser. Les vices du gouvernement le plus méprisable semblent alors disparoître ; la nécessité sert de législateur et de magistrat ; il se forme des talens, il se forme des vertus ; toutes les passions cèdent alors à la passion de la liberté ; à moins que vous ne supposiez une république de sybarites qu'une extrême mollesse a énervés, et que le moindre danger fait trembler.

Si, pour être libre, la noblesse polonaise veut n'avoir ni lois, ni magistrats, la noblesse vénitienne ne croit, au contraire, pouvoir conserver sa liberté qu'en se soumettant à des lois très-dures et à des magistrats qui exercent sur elle le pouvoir le plus arbitraire. Le conseil des *dix* qui favorise les espions et l'espionnage, qui met la délation en honneur, qui juge les accusés sans les confronter avec leurs accusateurs qu'ils ne connoissent pas, n'est point encore un tribunal aussi redoutable que les magistrats appelés *inquisiteurs d'état*, et qui peuvent condamner à la mort le doge, les sénateurs, les nobles, les étrangers et tous les sujets, sans être obligés d'en rendre compte à qui que ce soit. Leurs jugemens sont secrets, et sont exécutés avec le même mystère qui les a dictés. Les nobles, opprimés par cette police soupçonneuse et contraire à tous les droits de l'humanité, ne savent point, sur le rapport de leur conscience, s'ils sont innocens ou criminels. On les voit, avec une docilité monacale, s'aller confesser aux inquisiteurs de quelques fautes puériles, telles que d'avoir parlé par hasard à un ministre étranger, ou de s'être trouvés dans une maison, avec un de ses gens, sans le connoître.

Seroit-il possible que de pareilles lois fussent nécessaires à la conservation de l'aristocratie? Le législateur doit croire que les hommes, en général, abandonnés à leurs passions, sont capables des plus odieuses méchancetés ; mais il doit les inviter au bien, en méritant leur confiance; et dans chaque cas en particulier, il doit présumer que le citoyen accusé est innocent, et lui fournir tous les moyens nécessaires pour dévoiler la calomnie. C'est en élevant l'ame et non pas en la consternant, qu'on doit nous porter au bien. J'ai quelquefois entendu dire à des magistrats, qu'il vaudroit mieux punir un innocent que de sauver un coupable. Si jamais ce blasphème est proféré devant vous, Monseigneur, armez-vous de toute votre sévérité pour venir au secours de tous les gens de bien, que le châtiment d'un innocent fait frémir. Le juge qui condamne et fait exécuter ses sentences en secret, est un assassin. La loi qui abandonne un coupable au dernier supplice, ne prétend pas réparer le crime qui a été commis, mais intimider salutairement les citoyens qui pourroient en commettre un pareil. Venise devroit aujourd'hui changer des lois qu'elle a imaginées et crues nécessaires dans un temps où l'Italie étoit infectée de l'esprit d'usurpation et de tyrannie, et où aucun gouvernement n'étoit affermi; elle n'a plus besoin des mêmes moyens pour conserver sa liberté.

Le *grand-conseil,* ou l'assemblée de tous

les nobles qui ont atteint l'âge de vingt-cinq ans, se tient régulièrement tous les dimanches et les jours de fête. Il fait les lois nouvelles, abroge ou modifie les anciennes, si les circonstances l'exigent ; confère toutes les magistratures, ou du moins confirme les magistrats que le sénat a droit d'élire. Cette assemblée, trop fréquente dans une république qui s'est fait un principe de conserver religieusement ses premières lois, auroit bientôt tous les vices de la démocratie, si elle avoit un pouvoir plus étendu ; mais elle ne s'est prudemment réservé aucune branche de l'administration. Tandis que le *collége* du doge et quelques autres tribunaux rendent la justice, et veillent à la tranquillité publique, le sénat pourvoit à tous les autres besoins de la république. Il décide souverainement de la guerre et de la paix, fait des alliances avec les étrangers, envoie des ambassadeurs, règle les impositions, élit les magistrats qui forment le *collége* du doge, le général de la république, les provéditeurs des armées et tous les officiers qui ont un commandement important dans les troupes.

Avec une puissance si étendue, le sénat ne peut pas cependant se rendre le maître des lois. Cent vingt sénateurs que le *grand-conseil* confirme ou révoque à son gré tous les ans, ne sont jamais à portée de former des entreprises dangereuses pour le corps de la noblesse. D'ailleurs un plus grand nombre d'autres magistrats, dont la magistrature est bornée à six mois, entre encore dans le sénat, et cette compagnie ne peut délibérer que sur les propositions qui lui sont portées par le *collége* du doge, dont tout le pouvoir est entre les mains de six magistrats appelés les *sages-grands*, et dont l'autorité ne dure que six mois. La force ne peut point détruire cet équilibre de pouvoir établi sur la différence et la relation des magistratures, parce que les nobles n'exercent que les fonctions civiles de l'état, et ne sont pas militaires. L'adresse et la ruse sont aussi impuissantes que la violence et la force contre le gouvernement, parce que l'intrigue est bannie des élections.

Par exemple, Monseigneur, quand il s'agit d'élire un doge, tous les nobles qui sont présens au *grand-conseil*, tirent chacun une balle d'une urne où il y en a trente dorées ; ceux à qui elles tombent vont une seconde fois au sort ; leur nombre est réduit à neuf, et ces neuf électeurs en nomment quarante qui, par un nouveau *ballotage*, se trouvent bornés à douze. Ces derniers nomment vingt-cinq électeurs, que le sort réduit encore à neuf. Vous n'êtes pas à la fin de cette opération. Ces neuf électeurs en choisissent quarante-cinq, le sort en laisse subsister onze qui nomment enfin les quarante-un électeurs qui élisent le doge.

C'est par cette méthode de *ballotage*, usitée dans les élections, que la république prévient les complots des magistrats pour se rendre considérables les uns aux dépens des autres ; et qu'étouffant l'esprit de parti et de faction, elle les asservit aux lois, donne une force encore plus efficace à la brièveté de leur pouvoir, et détruit dans les grands toute espérance d'oligarchie. Cependant on dit que dans ce labyrinthe de *ballotage*, l'intrigue, tant elle est habile, trouve encore un fil pour se conduire.

Vous remarquerez même que les magistrats à vie, tels que le doge, les procurateurs de Saint-Marc et le chancelier, semblent n'être établis que pour la pompe des cérémonies, et n'ont aucun crédit réel; le dernier même n'est choisi que parmi les simples citadins de Venise.

Plus vous méditerez, Monseigneur, sur les principes fondamentaux de cette république, plus vous vous convaincrez qu'elle a épuisé les mesures propres à prévenir au-dedans toute révolution. Quelque puissant que soit le corps de la magistrature, il ne peut point s'emparer de la puissance législative. Le nombre des magistrats est trop considérable, pour qu'ils puissent tous être opprimés par un seul. Venise tire d'ailleurs un grand avantage de ce nombre considérable de magistratures; elle forme assez de patriciens aux affaires, pour être sûre de ne jamais manquer de magistrats capables de remplir les emplois les plus difficiles et les plus importans. Les magistrats n'ayant point le temps d'imprimer le caractère de leur esprit au gouvernement, sont obligés de prendre le génie de la république. De-là, cette perpétuité constante de mêmes maximes, de mêmes principes qu'on admire dans les Vénitiens, et qui leur donne une vraie supériorité sur des états que la république redouteroit, si leur politique et leurs vues étoient moins mobiles et moins flottantes.

Il s'en faut bien que Venise soit à l'abri de toute révolution de la part des étrangers. Si elle n'a souffert aucune perte depuis que l'ambition a allumé tant de guerres dans son voisinage, c'est moins le fruit de sa sagesse, que de l'imprudence des princes qui ont voulu asservir l'Italie. La république semble redouter les troupes auxquelles elle confie sa défense ; pour ne pas les craindre on diroit qu'elle veut les dégrader. Sa noblesse ne remplit que les emplois civils ; ses milices ne sont composées que de mercenaires; son général, toujours étranger, auroit inutilement des talens, et les *provéditeurs* qui l'accompagnent ne sont bons qu'à le faire battre. Quoique les *podestats*, contre l'usage ordinaire des aristocraties, ne fassent pas un commerce honteux de leur magistrature dans les provinces, le gouvernement vénitien trop dur n'est point propre à gagner l'affection des sujets. Le peuple n'est pas opprimé ; mais il n'est pas assez heureux pour penser qu'il eût beaucoup à perdre en passant sous une autre domination. La noblesse de terre ferme a les préjugés communs à tous les gentilshommes : elle croit valoir la noblesse de Venise ; ce n'est qu'à regret qu'elle obéit, et le gouvernement qui s'en défie cherche à l'humilier. Cette noblesse sujette se croiroit moins abaissée dans une monarchie, et voudroit n'avoir qu'un maître.

Ce chapitre commence à devenir trop long, et je ne m'arrêterai pas, Monseigneur, à vous parler de la république de Gênes. Si l'ile de Corse avoit appartenu aux Vénitiens, il est vraisemblable qu'elle ne se seroit jamais révoltée ; ou du moins une poignée de rebelles ne leur feroit pas la guerre depuis trente ans. Si Paoli n'est pas un des plus grands hommes de notre siècle, s'il n'est pas un Sertorius, la république de Gênes qui ne le soumet pas, doit être extrêmement foible. Je vous invite,

Monseigneur, à rechercher les causes de cette foiblesse. Vous êtes à portée de connoitre les détails du gouvernement des Génois : tirez leur horoscope.

———

## CHAPITRE III.

### Du gouvernement de l'empire d'Allemagne.

Jusqu'au règne de Maximilien I, l'empire d'Allemagne fut en proie à tous les désordres que peut produire le gouvernement féodal. Pour vous en convaincre, Monseigneur, il vous suffira de jeter les yeux sur la *Bulle d'or*, publiée en 1356 par l'empereur Charles IV. Cette loi suppose dans l'Empire, des mœurs, des coutumes et des droits aussi barbares que ceux qui furent connus en France sous les prédécesseurs de Philippe-Auguste, et dont on vous a présenté un tableau fidèle. L'Empire, il est vrai, avoit conservé l'ancien usage établi chez les Français, d'assembler des diètes générales; mais jusqu'à celle que Maximilien I convoqua à Worms en 1495, ces congrès tumultueux et irréguliers se séparoient avant même que d'avoir pu connoître leur situation. Un *recez* même de cette année défendoit encore de prolonger au-delà d'un mois la diète qui ne duroit ordinairement que dix ou douze jours. Loi ridicule ! Les Allemands se flattoient-ils de débrouiller le chaos de leurs affaires dans un espace si court ? ou étoient-ils tellement accoutumés aux malheurs que l'anarchie et le despotisme causoient parmi eux, qu'ils ne songeassent point à y remédier ?

L'empereur Wenceslas avoit fait tous ses efforts dans la diète de Nuremberg, en 1383, pour donner une meilleure forme à l'Empire. Il publia une paix générale ; mais on ne lui permit de prendre aucune des mesures qu'il croyoit propres à l'affermir. Sigismond tenta la même entreprise, et échoua contre les mêmes difficultés. Albert II fut plus heureux. Soit que les tentatives inutiles de ses prédécesseurs eussent cependant préparé les esprits à une réforme, soit qu'il faille l'attribuer à quelque autre cause, il publia une paix générale du consentement des états, partagea l'Allemagne en six *cercles* ou provinces qui devoient avoir leurs diètes particulières. Cet établissement ne produisit point les biens qu'on en espéroit. S'il étoit propre à rapprocher les esprits et à les unir par un intérêt commun, la barbarie des mœurs et l'indépendance des fiefs l'étoient encore plus à les diviser. Ce siècle n'étoit pas fait pour connoître le prix de la paix ; les guerres privées subsistèrent avec la même fureur ; l'Allemagne forma toujours un corps dont tous les membres, ennemis les uns des autres, vouloient se perdre, et ce fut beaucoup pour Frédéric III de faire enfin consentir ses vassaux à ne commettre aucune hostilité pendant dix ans.

Maximilien I fit enfin passer la loi de la paix publique et perpétuelle. Elle défendoit toute hostilité et voie de fait entre les Etats de l'empire, sous peine à l'agresseur d'être traité comme ennemi public. On établit la *chambre impériale*, tribunal qui devoit juger de tous les différends. On fit un nouveau partage de l'Allemagne en dix cercles ; chacune de ces provinces nomma un certain nombre *d'assesseurs* à la chambre impériale pour y juger en son nom, et se chargea d'en faire exécuter les décrets ou les jugemens dans l'étendue de son territoire. La diète tenue à Augsbourg en 1500, érigéa même une espèce de régence, qui devoit subsister sans interruption dans les interstices. On lui confia tout le pouvoir que la nation possède elle-même quand elle est assemblée, et elle devoit régler définitivement les affaires les plus importantes tant du dedans que du dehors. Le conseil, composé de vingt ministres que la diète générale nommoit, étoit présidé par l'empereur même. Un électeur y siégeoit toujours en personne, et les six autres y envoyoient seulement leurs représentans.

Quoique ces établissemens donnassent une forme plus régulière à la police des fiefs, il ne faut pas penser qu'ils eussent été capables de donner une certaine force aux lois et d'entretenir la paix de l'Empire, si la maison d'Autriche n'eût acquis subitement assez de puissance pour se maintenir sur le trône impérial, s'y faire respecter, et oser donner des ordres qu'il eût été imprudent de mépriser comme on avoit jusqu'alors méprisé les lois. En effet, les préjugés nationaux trouvoient toujours ridicule de plaider bourgeoisement devant des juges, quand on pouvoit se faire raison les armes à la main. Les princes les moins puissans recouroient à la chambre impériale; mais leur exemple étoit d'un poids médiocre, et donnoit peu de crédit à ce tribunal. A quoi auroient servi ses décrets contre un prince assez puissant pour n'y pas obéir, et résister au cercle chargé de les exécuter?

Plusieurs autres causes concouroient à rendre le nouvel établissement inutile. La dignité impériale appauvrie et dégradée par l'aliénation de tous ses domaines, dont plusieurs empereurs avoient fait un trafic honteux, ne conservoit qu'une vaine ombre de suzeraineté après avoir perdu ses forces. Les électeurs dont les terres ne souffroient aucun partage, étoient incapables de penser qu'ils eussent besoin du secours des lois pour se soutenir, et ne voyoient au contraire, dans leur droit de guerre que le droit de s'agrandir. La distribution de l'Empire en provinces s'étoit faite sans ordre et contre toute règle. Plusieurs états n'étoient compris dans aucun des dix cercles, et d'autres étoient éloignés de celui dont ils faisoient partie. De-là une sorte d'indépendance que plusieurs princes affectèrent encore, ou le peu d'intérêt qu'ils prirent au bien commun de leur cercle. Les anciens préjugés, à peine ébranlés, subsistèrent donc dans toute leur force, et l'empire fut encore en proie aux mêmes désordres. On ne tarda pas à se lasser de la régence établie à Augsbourg. Elle gênoit l'ambition de l'empereur et des princes les plus puissans de l'empire. Quelques états trouvèrent qu'elle leur étoit à charge, et d'autres la crurent inutile, parce qu'elle n'avoit pas corrigé en peu d'années tous les vices du gouvernement le plus vicieux.

L'avénement de Charles-Quint à l'empire forme une époque remarquable dans sa constitution. Les princes furent assez sages pour juger qu'on ne pouvoit l'élever sur le trône sans danger, et assez imprudens pour croire qu'une *capitulation* mettroit des bornes fixes à son autorité ; il la signa, et personne n'ignore avec quelle hauteur il gouverna un pays qui vouloit avoir un chef et non pas un maitre. Puissant en Espagne et dans les Pays-Bas, riche des trésors que lui prodiguoit le nouveau monde; ambitieux, courageux, plein d'espérance, d'activité et de ressources, propre à se plier, suivant les circonstances, à la politique la plus favorable à ses vues, l'Allemagne le choisit pour son empereur, dans le temps que le gouvernement des fiefs venoit d'être détruit dans tout le reste de l'Europe. Ce prince ne fit pas attention qu'il n'auroit point, pour ruiner ses vassaux, les mêmes facilités que les rois de France avoient eues pour ruiner les leurs, et que la nouvelle politique qui commençoit à lier tous les peuples par un commerce plus étroit et plus régulier de négociation, donneroit des alliés et des protecteurs aux princes de l'Empire; il forma le projet téméraire d'établir une vraie monarchie sur les ruines de la liberté germanique. Charles-Quint voulut profiter du fanatisme que les querelles de religion avoient allumé. Il fit la paix, il fit la guerre, tourmenta l'Empire par ses intrigues, se fit haïr des uns, craindre des autres et respecter de tous. En formant trop d'entreprises à la fois, il ne put en suivre aucune avec la constance qu'elle demandoit; et les guerres qu'il fit à ses voisins furent autant de diversions qu'il fit lui-même en faveur de l'Empire. S'il ne consomma pas son ouvrage, il jouit du moins d'une autorité supérieure à celle de ses prédécesseurs. Sans rendre le trône héréditaire, il y affermit sa maison, et laissa à ses successeurs un crédit immense, son ambition et l'espérance de la satisfaire.

Ce seroit entreprendre, Monseigneur, un long ouvrage que de vouloir vous exposer ici le système politique de la maison d'Autriche, et les moyens qu'elle a employés jusqu'à la paix de Westphalie pour asservir l'Empire. Je me bornerai à vous dire que les successeurs de Charles-Quint eurent sa politique, mais comme la pouvoient avoir des princes qui lui étoient très-inférieurs en talens? Quand ils ne pouvoient se faire craindre, ils répandoient la corruption : ruse, force, sermens, dons, promesses, intrigues, violences, rien ne fut épargné. On ne parloit que de paix et d'affermir la tranquillité germanique, quand on étoit épuisé par la guerre ; et le conseil de Vienne ne songeoit qu'à réparer ses forces pour reprendre ses entreprises. Il espéroit de perdre les protestans par les catholiques ; il cherchoit à les ruiner également, et c'est sur leurs ruines qu'il vouloit élever l'édifice de la grandeur autrichienne.

Les empereurs auroient peut-être réussi à subjuguer l'Allemagne sans les secours que quelques princes lui donnèrent : leur intérêt étoit d'arrêter les progrès d'une puissance qui menaçoit tous ses voisins. Après tant de guerres, dans lesquelles l'Europe déploya et épuisa toutes ses forces, la paix de Westphalie qui sert aujourd'hui de base au droit public de l'Empire, fixa enfin les prérogatives de l'empereur, et les priviléges des états. Elle donna des règles certaines à un gouvernement qui jusques-là n'en avoit presque voulu reconnoître aucune, et qui par sa nature étoit incapable de les observer religieusement.

Si on considère la constitution politique de l'Empire comme un gouvernement dont l'objet soit de rendre la nation allemande heureuse et florissante en faisant des lois impartiales et en forçant les citoyens d'obéir aux magistrats, et les magistrats aux lois, on est dans une erreur grossière; car on ne peut guère voir de gouvernement qui soit plus directement opposé à cette fin.

A l'exception des villes impériales qui forment autant de républiques, et dont quelques-unes ont une police et des lois fort sages, il n'y a que fort peu de principautés dans l'Empire, où les sujets aient conservé quelque espèce de liberté. Ces tenues d'états si communes en Europe dans la décadence des fiefs, et si propres à prévenir les abus du pouvoir absolu, sont presque généralement inconnues en Allemagne. Presque par-tout les sujets ne sont rien et le prince est autorisé par les lois et par la coutume à gouverner despotiquement. Il est toujours en état d'accabler des mécontens qui tenteroient de se soulever. Si les forces lui manquoient, vous verriez tous les princes voisins venir au secours de son autorité méprisée ou violée: ils pensent que leur intérêt l'exige, et par cette dé-

marche ils croiroient défendre leur propre
autorité. Quand vous entendrez parler de
la liberté germanique, ne croyez donc pas,
Monseigneur, qu'il s'agisse de la liberté
qui intéresse les citoyens. Il n'est question
que d'une liberté qui regarde les seuls
princes ; et son unique objet est de les
maintenir tous dans la jouissance de leur
souveraineté, et d'empêcher que les plus
foibles soient opprimés par les plus forts,
ou que les uns se fassent des droits qui
nuiroient à ceux des autres.

Tous les princes de l'Empire reconnoissent une puissance législative à laquelle ils sont tenus d'obéir; et cette puissance réside dans la diète, qui a seule le droit de faire les lois générales qui intéressent le corps de l'état. Si on s'en rapporte aux publicistes allemands, la diète est ce roi des rois qui parle en maître à des souverains. C'est une digue inébranlable contre laquelle viennent se briser les vagues courroucées de la mer. Mais je crains bien, Monseigneur, que ces docteurs, épris de la beauté du gouvernement germanique, n'aient plutôt dit ce qu'il seroit à désirer qui fût, que ce qui est effectivement : je vous prie d'en juger vous-même.

Vous savez que la diète, ou assemblée générale de l'Empire, est partagée en trois *colléges* : des électeurs, des princes et des villes libres. Après que le commissaire de l'empereur a fait part de ses propositions à la diète, le collége électoral et celui des princes délibèrent séparément sur les demandes impériales. Ils se communiquent leur avis, et quand il est uniforme, leur résolution est portée au dernier collége. Si celui-ci y accède, la résolution devient, pour parler le langage des Allemands, un *placitum* de l'Empire. Si l'empereur y met son approbation, le *placitum* devient un *conclusum* commun ou universel, et on en forme une loi à laquelle tous les états doivent obéir. Si l'empereur et la diète ne sont pas d'accord, il ne peut y avoir de *conclusum*, ni par conséquent, de loi.

Il résulte de-là que la puissance législative est retardée dans ses opérations, et que souvent l'empire ne peut avoir les lois les plus convenables à sa situation ; puisque l'intérêt de l'empereur n'est pas toujours le même que celui du corps germanique, et qu'il n'est au contraire que trop commun qu'il s'en fasse d'opposés ou du moins de différens. Je ne suis pas étonné qu'à la paix de Westphalie on ait évité de régler que l'empereur ne pouroit refuser son approbation au *placitum* ou vœu de l'empire ; les puissances étrangères qui conduisirent cette négociation, n'étoient pas fâchées de laisser subsister un vice capital dans le gouvernement d'Allemagne. C'étoit conserver l'espérance de s'y rendre plus nécessaires et plus importantes. Mais depuis, pourquoi les électeurs, s'ils vouloient le bien général, ont-ils négligé d'insérer dans les capitulations des empereurs, une clause qui augmenteroit la dignité des trois colléges, et mettroit l'Empire en état d'avoir enfin les lois les plus conformes à l'intérêt du corps entier et de ses membres ?

J'ajouterai même, pourquoi laisse-t-on à l'empereur le droit d'être seul promoteur des lois ? Ne seroit-il pas plus dans l'ordre de la société et du bien public, que chaque membre de l'Empire fût libre de proposer à son collége ce qu'il croit avantageux ; et que chaque collége, après avoir formé son *placitum* particulier, pût le porter aux deux autres, pour y être approuvé ou rejetté ? Je le sais : dans les gouvernemens aristocratiques, et sur-tout dans les populaires, la liberté qu'auroit chaque citoyen de proposer de nouvelles lois au sénat ou au peuple seroit le vrai moyen de n'en avoir bientôt aucune ; on détruiroit aujourd'hui ce qu'on auroit fait hier, et demain on auroit encore une nouvelle jurisprudence. Mais prenez garde, Monseigneur, que cette objection ne peut avoir lieu à l'égard de l'Empire dont les diètes ne sont pas composées d'une multitude aveugle, inquiète et facile à s'agiter. Quand le ministre d'un état parviendroit, par son éloquence et ses intrigues, à subjuguer son collége et à lui inspirer ses passions ou ses caprices, il n'en résulteroit aucun inconvénient pour le corps germanique. L'avis d'un collége resteroit soumis à l'examen des deux autres : ainsi on ne craindroit point que son étourderie, sa précipitation et son erreur dictassent jamais les lois.

En même temps que la prérogative accordée à l'empereur, suspend l'action de la puissance législative, et empêche l'Empire de faire les nouvelles lois qui lui seroient nécessaires, il ne tient qu'au directeur de la diète de mettre des entraves à la puissance exécutrice, et pour ainsi dire, d'imposer silence aux anciennes lois. En effet, on ne peut rien communiquer à la diète que du consentement de l'électeur archevêque de Mayence. Il ne tient qu'à lui de refuser la *dictature publique* ou la communication des plaintes, griefs, droits et demandes qu'un prince veut faire au corps germanique. Il étouffe à son gré les réclamations de l'opprimé, il favorise à son gré l'injustice de l'oppresseur. Quelle est donc la puissance de la diète? Quel bien peut-elle faire, tandis que l'empereur empêche de prévenir les injustices, et l'archevêque de Mayence de les punir?

Ces deux vices sont d'autant plus considérables, qu'il ne s'agit pas en Allemagne de gouverner de simples citoyens, mais des princes qui jouissent de tous les droits de la souveraineté, qui ont des forteresses et des troupes, à qui il est permis de contracter des alliances défensives avec les étrangers pour leur sûreté, et qui même quelquefois possèdent au dehors des états plus puissans que ceux qu'ils ont dans l'Empire. Plus il y a de causes de division, plus les lois devroient être sages et le législateur en état d'agir. Moins la diète générale a de force pour faire exécuter ses décrets, plus toutes ses opérations devroient être dictées par la justice.

Les parties mal unies de l'Empire cesseroient bientôt de faire une espèce de tout, si quelques établissemens particuliers, et des usages que le temps et l'habitude ont appris à respecter, ne suppléoient à l'impuissance du législateur et des tribunaux. Les diètes particulières de chaque cercle tendent à rapprocher les esprits, et unir des princes entre lesquels le voisinage de territoire, la différence de religion et une infinité de prétentions et de droits obscurs, équivoques et opposés, ne sont que trop propres à faire naître de la jalousie, de la défiance et de la haine. Ces diètes pourvoient à ce que la législation générale néglige ou ne peut régler; et leurs réglemens sont ordinairement mieux observés que les lois qui sont publiées au nom de l'empereur, du consentement des trois colléges, et contre lesquelles il est rare que quelques princes ne fassent des protestations. Les électeurs, les princes, les comtes, les villes libres, les catholiques et les protestans s'assemblent en diète quand leurs intérêts particuliers l'exigent ; et ces différens pouvoirs se balancent, se tiennent en équilibre jusqu'à un certain point, et suspendent les animosités et les ruptures. A la moindre querelle qui s'élève, mille médiateurs se présentent pour la terminer. Au défaut de voies légales et propres à conserver la tranquillité publique, on a recours aux négociations; et tout le gouvernement semble plutôt se conduire par une sorte d'allure et d'expédiens momentanés que par des règles fixes de droit.

Il y a actuellement un siècle que la diète présente fut convoquée à Ratisbonne et se tient sans interruption. Si ce corps législatif pouvoit en effet faire des lois, il seroit dangereux ou du moins inutile de le tenir toujours assemblé. Mais n'étant, ainsi que je vous l'ai dit, Monseigneur, qu'une espèce de congrès où se traitent plutôt par des négociations que par des voies de droit toutes les affaires de l'empire, sa présence est très-propre à donner de la majesté au corps germanique, à contenir les princes dans leurs limites et maintenir la tranquillité publique. Si la diète cessoit d'être perpétuelle, il est réglé par la capitulation de l'empereur, que dix ans, au plus tard, après sa dissolution, on seroit obligé d'en assembler une nouvelle. Les princes qui ont porté cette loi, connoissent-ils bien la nature de leur gouvernement? Qui leur a répondu que la chambre impériale et le conseil aulique suffiroient pendant un si long espace de temps aux besoins du corps germanique? Qui leur a dit que les états les plus foibles ne seroient pas opprimés, et que les troubles permettroient, après un interstice de dix ans, de convoquer une nouvelle diète?

Si on ne considéroit l'empire que comme une ligue fédérative de plusieurs princes, qui, par des traités, se seroient soumis à des conventions réciproques pour leur sûreté commune, on ne pourroit s'empêcher d'admirer leur sage prévoyance, et de convenir que cette situation ne soit par elle-même beaucoup plus avantageuse que celle des autres états, qui n'ont pour tout lien que l'obligation de remplir entre eux les devoirs généraux de l'humanité. Il n'est pas douteux que les conventions du gouvernement germanique n'aient plus de pouvoir sur l'esprit des princes les plus ambitieux de l'empire, que les lois naturelles n'en ont ordinairement sur les princes les plus religieux ou qui se piquent de la plus grande probité.

Graces aux subtilités des docteurs dont l'intérêt et le mensonge conduisent la plume, les vérités les plus claires et les plus simples sont devenues des objets de doute et de contestation. Ce droit naturel qui parle avec tant d'énergie à tous les hommes qui n'ont pas le cœur gâté par l'habitude de l'injustice et de la flatterie, est abandonné à des sophistes qui ne manquent jamais de donner aux passions les réponses qu'elles demandent. Je sais que le droit germanique est souvent équivoque; je sais qu'il est presque impossible de désigner avec exactitude l'étendue et les bornes du pouvoir, des prérogatives, des droits et des immunités des différens états de l'Empire; je sais que chaque prince tient à ses gages un publiciste, qui ne pense point et qui a des argumens et des démonstrations pour tout; je sais qu'en Allemagne il n'y a presque point de titre qui ne soit combattu et détruit par un autre titre; je sais enfin qu'il n'y a point de droit auquel on n'oppose une prétention, et que les droits et les prétentions se choquent, se croisent, se contrarient continuellement. Cependant le droit germanique est moins violé en Allemagne, que ne l'est le droit naturel dans le reste de l'Europe. Quoique la chambre impériale, le conseil aulique, la suzeraineté et la subordination des fiefs ne forment qu'une foible barrière contre l'injustice; quoique la diète elle-même n'inspire pas une confiance entière aux foibles, ni une crainte salutaire aux forts, il est certain que les princes de l'Empire sont plus unis entre eux que les autres princes de l'Europe.

Sans cette espèce de droit public qui leur persuade qu'ils ont des loix communes au-dessus d'eux, et ne sont que les membres d'un même corps, concevroit-on que les villes impériales, la noblesse immédiate, et tant de princes qui n'ont qu'un territoire très-borné et sans défense, eussent conservé jusqu'à présent leur souveraineté?

Le corps de l'Empire, comme tous les états confédérés, n'a et ne peut avoir aucune ambition qui le rende odieux ou suspect à ses voisins; on ne fait point la guerre pour faire des conquêtes en commun, et c'est là le seul avantage qu'il retire de sa constitution. Mais l'ambition de quelques-uns de ses membres, et leur adresse à faire entrer dans leurs querelles leurs co-états, ont souvent exposé l'Allemagne à de grands maux de la part des étrangers. C'est cette ambition qui, depuis deux siècles, a ouvert l'Empire à des armées de Français, de Suédois, de Danois, d'Anglais, de Russes et de Hollandais. Combien de fois la maison d'Autriche, en affectant un pouvoir proscrit par les lois, n'a-t-elle pas contraint les princes de l'Empire à rechercher la protection de leurs voisins? L'Allemagne a souvent été déchirée et démembrée par des auxiliaires, qui, en feignant de combattre pour sa liberté, ne songeoient qu'à se rendre ses tyrans? Combien de malheurs l'Empire n'a-t-il pas éprouvés, pour avoir eu la complaisance de se rendre l'instrument de l'ambition ou de la haine d'un de ses princes.

L'Empire, soumis à un empereur despotique, seroit moins exposé qu'il ne l'est aujourd'hui aux incursions des étrangers, qui ont des alliés jusques dans le cœur de ses provinces; ses frontières seroient mieux défendues; mais il pourroit être envahi plus aisément. L'Allemagne n'auroit plus cette heureuse abondance d'habitans qui fait sa force; on y verroit bientôt des campagnes désertes et des villes dépeuplées. Il faut, Monseigneur, que vous fassiez une différence entre un prince qui règne sur un grand état et un prince qui ne possède que des domaines très-bornés. L'un néglige tout et ne ménage rien; quelle que soit sa conduite, il se trouve toujours assez riche et assez puissant; et parce qu'il croit ses ressources infinies, il en trouve bientôt la fin. L'autre apprend, par la médiocrité même de sa fortune, à avoir une sorte d'économie et de modération. Il peut presque tout voir par lui-même dans ses états ; il sent qu'il a besoin de se conduire avec sagesse pour faire fleurir sa province, et il se rend puissant en ménageant ses sujets.

Comparez, par exemple, Monseigneur, l'intérêt que les grands d'Espagne ont à maintenir le trône du roi votre oncle, et les moyens qu'ils ont d'y réussir, avec l'intérêt que les électeurs, les princes, les comtes, la noblesse immédiate et les villes libres de l'Empire, ont à conserver leur gouvernement, et les ressources qu'ils trouveront en eux-mêmes dans les plus grandes disgraces. Peut-être qu'un vainqueur dans le sein de l'Espagne pourroit enfin jouir de sa conquête ; peut-être que la fidélité castillane se lasseroit. En Allemagne, le vainqueur vaincroit toujours sans jamais jouir de sa fortune. Ne pouvant faire avec les vaincus de conventions qui leur rendissent leur nouvelle condition supportable, il auroit à combattre l'hydre de la fable ; à une tête coupée il en succéderoit une autre.

Pour que l'Empire pût craindre d'être détruit par un vainqueur étranger, il faudroit qu'il s'élevât en Europe une puissance ambitieuse, mais ambitieuse à la manière des Romains ; c'est-à-dire, qui n'affectât de faire des conquêtes que pour ses amis et ses alliés, qui sût qu'il faut régner dans un pays par la réputation de ses bienfaits de sa modération et de sa justice, avant que d'y vouloir régner directement par ses magistrats et par ses lois. Que nous sommes loin de cette conduite savante qui valut l'Empire du monde aux Romains ! Notre politique montrant à découvert une ambition imprudente, ne songe qu'à escamoter et grapiller ce qu'elle trouve sous sa main. Pardonnez-moi, Monseigneur, ces expressions ; plus elles sont basses, plus elles sont propres à rendre ma pensée et le sentiment dont je suis affecté.

## CHAPITRE IV.

### Du gouvernement des Provinces-Unies.

Brutus disoit de Cicéron qu'il haïssoit moins la tyrannie que le tyran Antoine. On peut dire, Monseigneur, la même chose des provinces des Pays-Bas : elles se révoltèrent contre le gouvernement féroce de Philippe II, sans songer à se rendre libres. Etonnées de l'audace de leur entreprise, et contentes de changer de maître, elles offroient leur souveraineté à tous les princes de l'Europe. Heureusement pour elles, personne n'accepta leurs propositions ; on étoit trop effrayé de l'énorme puissance que présentoit la maison d'Autriche, pour qu'on osât espérer que leur sédition eût un heureux succès. Il n'y avoit que Guillaume I<sup>er</sup>, prince d'Orange, qui sût tout ce qu'un chef prudent et courageux peut tenter et exécuter de difficile et de grand, à la tête d'un peuple animé par l'esprit de religion.

Des dix-sept provinces des Pays-Bas, sept seulement recouvrèrent leur liberté. Les autres, conduites par le duc d'Archot, homme infiniment moins habile que le prince d'Orange dont il étoit jaloux, se contentèrent de murmurer, de se plaindre, de montrer qu'elles pouvoient se révolter, et se flattèrent ridiculement de conserver leurs privilèges par des négociations. Un prince a trop d'avantages en négociant avec ses sujets; il n'accorde rien tant qu'il ne se met pas dans la nécessité de ne pouvoir manquer à sa parole : et rarement les négociations et les pourparlers le réduisent-ils à cette impuissance. Le conseil de Madrid confirma, par un diplôme, les privilèges des provinces que cette générosité satisfit; et résolut cependant de prendre des mesures pour qu'elles ne fussent plus asez téméraires pour oser réclamer leurs anciens droits.

La révolte des Pays-Bas se soutenoit depuis neuf ans sans interruption lorsque le duché de Gueldre, les comtés de Hollande et de Zélande, et les seigneuries d'Utrecht, de Frise, d'Over-Issel et de

Groningue, connus depuis sous le nom de *Provinces-Unies*, s'apperçurent enfin, par leurs succès, de la foiblesse du gouvernement d'Espagne, et signèrent, le 23 janvier 1579, leur traité d'union. Cette alliance renouvelée en 1583 est par sa nature indissoluble. C'est le fondement sur lequel est élevé tout l'édifice de la république. Chacune des Provinces-Unies conserva ses lois, ses magistrats, son indépendance et sa souveraineté. Elles ne formoient qu'un seul corps ; mais pour donner à toutes ses parties un même esprit et un même intérêt, non-seulement elles renoncèrent au droit de traiter en particulier avec les étrangers; elles formèrent même un conseil commun chargé des affaires générales de l'union, et qui devoit convoquer deux fois l'an les *Etats-Généraux*, dont l'assemblée prolongée par le nombre et l'importance des affaires, devint bientôt perpétuelle.

A proprement parler, il y a autant de républiques dans l'étendue de Provinces-Unies, qu'il y a de villes qui ont droit de députer aux états particuliers de leur province. A l'exception des objets qui ont un rapport direct à l'alliance générale, ces villes n'ont point d'autre règle de conduite que leur volonté. Elles se gouvernent par les lois qu'elles se font elles-mêmes; et toute la puissance législative, ainsi que l'exécutrice, réside dans leur sénat ou leur conseil.

Cependant toutes ces villes d'une même province qui paroissent ne s'occuper que de leurs intérêts particuliers, sont convenues d'établir un conseil commun pour veiller aux affaires générales de la province, et servir de lien entre toutes ses parties. Ce conseil subsiste sans interruption, et sa vigilance continuelle est sans doute nécessaire pour prévenir les abus de l'indépendance qu'affecte chaque ville. Ce conseil propose aux assemblées ordinaires ou extraordinaires des états provinciaux, les points sur lesquels il juge à propos qu'on délibère. Alors les députés de la noblesse ou des villes instruisent leurs commettans des affaires qui doivent être discutées, demandent leur avis, et sont obligés de le suivre comme un ordre. Tout se décide dans ces états à la pluralité des voix, à moins qu'il ne s'agisse de quelques questions majeures, telles que la paix, la guerre, les alliances, la levée des troupes ou l'établissement d'une nouvelle imposition, qui, par leur traité d'union ou loi fondamentale de l'état, exigent un consentement unanime.

Les états-généraux continuellement assemblés à la Haye, et composés des députés des sept provinces, sont véritablement souverains des pays conquis depuis l'union, c'est-à-dire, du Brabant-hollandais, du Limbourg-hollandais, de la Flandre-hollandaise et du quartier de Venlo; mais ils n'exercent et ne peuvent exercer aucun acte de souveraineté sur les sept provinces. Les membres des états-généraux doivent instruire leurs provinces des objets de leurs délibérations, et sont obligés d'opiner conformément aux instructions qui leur sont données. Tout se règle et se résout dans cette assemblée à la pluralité des suffrages; et dans les affaires majeures dont je viens de parler et qui demandent le consentement unanime de toutes les parties de la république, les états-généraux n'ont pas plus d'autorité que les états-provinciaux.

En réfléchissant, Monseigneur, sur cette forme de gouvernement, vous sentirez combien le goût de la liberté avoit déja fait de progrès, quand les provinces révoltées se liguèrent. Il est vrai qu'un peuple qui veut être libre, sur-tout quand il vient de secouer le joug, doit être très-économe dans la distribution du pouvoir et se défier de ses représentans. Cependant, pour affermir sa liberté, il ne doit pas s'abandonner à une défiance outrée, et prendre des mesures qui peuvent lui nuire. Ne faut-il pas blâmer les provinces-Unies d'avoir refusé à leurs états, soit particuliers soit généraux, la même autorité que la seigneurie de Frise accorde aux siens? Les députés aux états de cette province ne consultent point leurs commettans, et leurs résolutions ont force de lois. Quel inconvénient peut-il en résulter, si une province a la prudence de borner à un temps très-court la députation de ses ministres aux états, et d'empêcher, par de sages précautions, que l'intrigue, la cabale et l'esprit de parti ne décident de leur élection? En établissant un ordre différent, combien les Provinces-Unies ne se sont-elles pas mis d'entraves? En voulant éviter un mal, ne sont-elles pas tombées dans un pire? La célérité est quelquefois une grande sagesse, et cependant la république paroîtra manquer de législateurs et pencher vers l'anarchie dans les circonstances les plus importantes. Tous les jours la puissance exécutrice sera arrêtée ou ralentie, quoique l'exercice en doive être aussi prompt et aussi facile que celui de la puissance législative.

Avant que les états-généraux puissent prendre une résolution décisive, il faut que les affaires à délibérer soient portées aux états particuliers des provinces, et de-là renvoyées à l'examen de leurs commettans; c'est-à-dire que cinquante villes et tous les nobles doivent traiter une question, la débattre et prendre un parti, pour que les états provinciaux, par leur décision, mettent les états-généraux en liberté d'agir. Quelles longueurs toujours fatigantes et souvent ruineuses ne doivent pas accompagner cette politique? Ce n'est pas tout, Monseigneur; et quand j'ai eu l'honneur de vous parler de cette unanimité requise pour la conclusion des affaires les plus importantes, n'avez-vous pas été surpris de retrouver cette loi polonaise chez un peuple éclairé et qui a joué un rôle si considérable dans l'Europe ? Vous devez être curieux de démêler par quels accidens ou par quelles causes particulières ces défauts essentiels n'ont pas d'abord empêché la république des Provinces-Unies de triompher de ses ennemis, et dans la suite n'ont point porté le plus grand préjudice à ses affaires.

Avec un pareil gouvernement, jamais l'union n'auroit subsisté, si en effet les provinces n'avoient eu en elles-mêmes un ressort capable de hâter leur lenteur, et de ramener à la même manière de penser, des villes et une noblesse souvent jalouses les unes des autres, qui avoient des préjugés différens, et qui, plus ou moins éloignées du danger, plus ou moins intéressées en apparence au succès de chaque entreprise, ne pouvoient avoir le même zèle pour la cause commune, ni par conséquent les mêmes opinions. Ce ressort, c'est le stathoudérat que cinq provinces avoient conféré, trois ans avant le traité d'union, à

Guillaume Ier, prince d'Orange; et que les Seigneurs de Frise et de Groningue donnèrent dans leurs provinces particulières au comte de Nassau.

Les prérogatives ou droits du stathouder, capitaine et amiral-général, sont immenses. Il commande également les forces de terre et de mer, et dispose de tous les emplois militaires. Il accorde grace aux criminels, préside à toutes les cours de justice, et les sentences y sont rendues en son nom. Il nomme les magistrats des villes, sur la présentation qu'elles lui font d'un certain nombre de sujets. Il donne audience aux ambassadeurs et ministres étrangers, et peut avoir des agens chez leurs maîtres pour ses affaires particulières. Il est chargé de l'exécution des décrets que portent les états-provinciaux. Enfin, arbitre ou plutôt juge des différends qui surviennent entre les provinces, entre les villes et les autres membres de l'état, il prononce, et ses jugemens sont sans appel. Etrange effet des contradictions humaines! Des hommes trop jaloux de leur liberté pour se confier entièrement à leurs commettans qui n'étoient que leurs égaux, abandonnent à un prince un pouvoir et un crédit dont il lui étoit alors d'autant plus aisé d'abuser, que les affaires de la république étoient plus importantes, et qu'elle n'avoit pas encore pris une assiette assurée.

Tant de pouvoir dans les mains d'un prince qui avoit tous les talens d'un grand homme et l'ame d'un républicain, non-seulement ne fut point funeste, mais répara même tous les défauts du gouvernement, et suppléa aux établissemens qui lui manquoient. Maurice usa de cette autorité en bon citoyen et en héros comme son père. Il tint les esprits unis, et leur communiqua son activité. Son frère Frédéric-Henri qui lui succéda, se conduisit par les mêmes principes, et sa régence ne fut qu'une longue suite de prospérités et de triomphes. Son fils Guillaume II, revêtu des mêmes dignités en 1647, se rendit suspect à la république. Soit que les Provinces-Unies, après avoir conclu, à Munster, une paix définitive avec l'Espagne, eussent moins besoin du stathoudérat, et commençassent à s'effrayer du pouvoir énorme de cette magistrature, soit que de son côté Guillaume, occupé d'objets moins importans que ses prédécesseurs, parût plus jaloux de son autorité à mesure qu'elle devenoit moins nécessaire à la république, il ne régna plus la même harmonie entre les états et le stathouder. La liberté est soupçonneuse, l'ambition est inquiète, et vraisemblablement la république auroit été déchirée et peut-être détruite par des dissentions domestiques, si l'ambitieux Guillaume ne fût mort en 1650. Les alarmes des zélés républicains se dissipèrent ; et plus frappés des derniers dangers auxquels le stathoudérat les avoit exposés, que des avantages qu'ils en avoient reçus, ils prirent des mesures pour empêcher que le fils posthume de Guillaume II ne pût jamais obtenir les charges de son père.

C'étoit, comme vous le voyez, Monseigneur, n'éviter les maux de la tyrannie que pour s'exposer à ceux de l'anarchie. Puisque le stathoudérat avoit servi de lien entre les parties trop séparées et trop indépendantes des Provinces-Unies ; puisqu'il avoit été l'ame de leurs conseils et le principe de leur unanimité, il est certain que l'édit qui le proscrivoit pour toujours, sans remédier aux vices du gouvernement, condamnoit la république à une inaction mortelle. Pourquoi détruire irrévocablement cette magistrature, tandis que les Provinces-Unies, accoutumées à la politique intrigante, active et tracassière de l'Europe, et occupées de toutes ses affaires auxquelles elles vouloient prendre part, avoient besoin des ressorts les plus actifs et des mouvemens les plus diligens? Quand la république auroit eu la sagesse de ne s'occuper que d'elle-même, il est évident, si je ne me trompe, qu'en laissant subsister les irrégularités de son gouvernement, elle devoit laisser subsister le stathoudérat, et se borner à en faire une magistrature extraordinaire, telle que fut la dictature chez les Romains. Il falloit que le stathoudérat, passager et créé seulement dans les temps de troubles domestiques ou de guerre étrangère, pût encore, par son autorité suprême, préserver les Provinces-Unies des périls auxquels leur gouvernement ordinaire les exposoit.

La république ne tarda pas à éprouver
le besoin qu'elle avoit d'un dictateur.
Voyant fondre sur elle, en 1672, les forces
de la France et de ses redoutables alliés,
elle crut toucher au moment de sa ruine,
et paroissoit prête à se dissoudre avant que
d'avoir été vaincue. Avec quelque supériorité que Jean de Wit, grand-pensionnaire
de Hollande, eût gouverné jusques-là, il
voyoit que sa prudence, son courage, sa
fermeté et ses lumières ne lui suffisoient
plus ; le vaisseau étoit battu par une tempête trop violente, et le gouvernail lui
échappoit des mains. En effet, si ce vertueux et zélé citoyen eût réussi à ruiner les
espérances du jeune Guillaume III, et à
proscrire pour toujours le stathoudérat,
bien loin que les Provinces-Unies eussent
alors retrouvé en elles-mêmes les ressources
nécessaires pour repousser les coups dont
elles étoient menacées, on ne peut se déguiser que les vices de leur gouvernement
et leur consternation n'eussent rendu leur
perte inévitable.

A cet ancien esprit de courage et de
patience qui avoit fondé la république et

produit quelquefois des prodiges, la paix avoit fait succéder cet esprit de sécurité et de mollesse qui énervent ordinairement les états, quand on ignore qu'il faut se défier des douceurs de la paix. Les milices de terre avoient été négligées ; le commerce commençoit à attacher trop fortement les citoyens à leur fortune domestique; il n'y avoit plus, pour ainsi dire, de point de réunion entre les sept provinces ; et, n'osant se fier les unes aux autres, ni à leurs magistrats ordinaires, chacune se seroit hâtée de traiter en particulier pour mériter des conditions plus avantageuses. Grotius a dit que la haine de ses compatriotes contre la maison d'Autriche, les avoit empêchés d'être détruits par les vices de leur gouvernement. Cette haine agissante ne subsistoit plus, et celle qu'ils devoient avoir contre la France, et qui devoit produire les mêmes effets, n'étoit pas encore formée.

Guillaume III étoit né avec de grands talens pour la guerre, et des talens encore plus grands pour ce que nous appelons communément la politique. Ses ennemis, par les obstacles qu'ils lui opposoient, et ses partisans, par leurs espérances, avoient également concouru à lui donner une ambition sans bornes. Son élévation aux charges de ses pères, rendit la confiance et le courage à sa patrie. Les Hollandais trouvèrent des alliés, la France perdit les siens, la guerre prit une face nouvelle, et le stathoudérat, en un mot, sauva encore la république qu'il avoit formée.

Dans un de ces accès de reconnaissance qui ne sont que trop ordinaires aux peuples libres, les partisans de la maison d'Orange obtinrent, le 2 février 1674, que le stathoudérat, désormais héréditaire, passeroit aux enfans mâles et légitimes de Guillaume III. La loi qui rendoit cette dignité perpétuelle, n'étoit pas moins funeste à la république, que la loi qui l'avoit autrefois proscrite pour toujours. Heureusement le stathouder ne laissa point de postérité, et les Provinces-Unies se trouvèrent, à sa mort, dans un état assez florissant, pour n'avoir besoin que de leurs magistrats ordinaires. Les succès des alliés pendant la guerre de la succession espagnole, et les disgraces de la France, causèrent une telle fermentation dans la république, que les ressorts du gouvernement agirent avec autant de célérité qu'ils devoient naturellement avoir de lenteur.

Je vous prie, Monseigneur, de vous rappeler les principes que vous avez vus, et de remarquer, en conséquence, que l'hérédité du stathoudérat étoit la faute la plus considérable que les Provinces-Unies pussent commettre. S'il est avantageux à un peuple libre, ainsi que je l'ai déjà remarqué, d'avoir, dans des conjonctures extraordinaires, une magistrature extraordinaire qui donne au gouvernement une action et une force nouvelles, rien n'est plus inconséquent que de la rendre perpétuelle et héréditaire. Elle n'aura plus sur les esprits accoutumés à la voir, le même empire; elle ne leur inspirera plus le même zèle, la même chaleur, la même confiance. Un magistrat dont l'autorité est bornée à un temps très-court, peut sans danger être tout-puissant, parce qu'il ne se proposera que le bien public. Un magistrat à vie commence à séparer ses intérêts de ceux de la république; il faut donc limiter son pouvoir. Un magistrat héréditaire devient en quelque sorte l'ennemi de sa nation; quelque médiocre puissance qu'on lui confie, il faut donc s'attendre qu'elle sera bientôt trop étendue.

Si vous examinez en détail, Monseigneur, les prérogatives du stathouder, vous le prendrez pour un vrai monarque; et pour peu qu'il veuille en abuser en divisant les esprits, en flattant les passions, et sur-tout en cachant son ambition sous des manières populaires, vous jugerez qu'il doit devenir en peu de temps un souverain absolu. Il fait grace aux criminels ; ses flatteurs en concluront que sa personne est sacrée et inviolable, qu'il ne peut être traduit en jugement, et qu'il est par conséquent au-dessus des lois. Il est président né de toutes les cours de justice, c'est-à-dire, qu'il peut facilement les corrompre toutes, éluder la force des lois par des jugemens, et après avoir établi peu à peu une jurisprudence de routine favorable à ses intérêts, devenir enfin législateur. Tous les magistrats des villes doivent leur place au stathouder; s'il est adroit, il leur apprendra à devenir reconnoissans à son égard, jusqu'à devenir des traîtres envers leur patrie; et il dominera sur toute la bourgeoisie qui aspire aux magistratures. Sa prérogative de négocier directement avec les étrangers, le met à portée de se faire des alliés, et de trouver au-dehors les secours nécessaires pour subjuguer son pays. Si un intrigant adroit juge sans appel les différends des provinces et des villes, que lui manque-t-il pour les diviser et devenir leur maître ? Le stathouder dispose des emplois militaires, et commande les forces de terre et de mer : je tremble. Pourquoi donc ne dira-t-il pas un jour à ses soldats mercenaires : *mes amis, ces bourgeois qui vous paient sont avares, timides, riches et n'entendent rien au gouvernement. Vous prodiguez votre sang, et il vous refusent leur argent. Vous êtes les défenseurs de la république ; il ne suffit pas de la défendre contre les armes des étrangers, il faut la défendre contre l'avarice des citoyens.* Guillaume III étoit roi, dit-on, des Provinces-Unies et stathouder en Angleterre ; s'il eût laissé un fils pour lui succéder, de quelle puissance ne jouiroit-il pas aujourd'hui ?

La dignité de stathouder étant vacante dans les provinces de Hollande, Gueldre, Zélande, Utrecht et Over-Issel, après la mort de Guillaume III, la république ne vit ni les avantages qu'elle pouvoit retirer de cette magistrature en la rendant passagère, ni combien les circonstances étoient favorables pour tenter cette entreprise. En effet, il ne restoit plus de postérité de ces stathouders immortels, dont le courage et le génie avoient formé et conservé la république ; il s'en falloit bien que les provinces fussent aussi attachées à la seconde branche de la maison de Nassau, qu'elles l'avoient été à la première. D'ailleurs, les Hollandais étoient tellement enivrés, à la fin de la guerre de 1701, de la gloire qu'ils avoient acquise sous le gouvernement de leurs magistrats ordinaires, qu'ils auroient adopté avec joie tous les réglemens qu'on leur auroit proposés à ce sujet.

Mais, soit que les magistrats qui gouvernoient alors, ne connussent pas le système de leur gouvernement, soit qu'ils ne songeassent qu'à étendre leur pouvoir, ils firent revivre les anciennes lois qui proscrivoient le stathoudérat. Qu'on me permette de le dire, cette politique étoit d'autant plus fausse dans ces circonstances, qu'il n'étoit plus possible de se déguiser que la noblesse indignée de voir des bourgeois à la tête des affaires, feroit tous ses efforts pour avoir un stathouder, et entraîneroit le peuple à penser comme elle.

Pour comprendre l'intérêt du peuple dans cette occasion, vous remarquerez, Monseigneur, qu'à la naissance de la république, les assemblées de la bourgeoisie choisissoient, à la pluralité des voix, les personnes destinées à former le sénat de chaque ville. Il se fit quelques brigues, quelques cabales dans ces élections; et de mille moyens propres à arrêter ce mal, on prit le plus mauvais et le plus dangereux : on donna au sénat même le droit de nommer à ces places vacantes. Les sénateurs ne s'associèrent que leurs parens, et toute l'autorité devint le partage de quelques familles qui s'emparèrent de tous les emplois. Celles qui se trouvèrent exclues, murmuroient contre l'oligarchie, étoient moins affectionnées au gouvernement, et pour abaisser les magistrats dont elles vouloient se venger, devoient s'unir à la noblesse pour le rétablissement du stathoudérat.

C'est en 1722 que les états du duché de Gueldre nommèrent pour leur stathouder et capitaine-général, le prince d'Orange et de Nassau, déjà stathouder héréditaire de Frise et de Groningue. La province de Hollande ouvrit les yeux sur le péril dont elle étoit menacée, mais ne prit aucune mesure capable de le prévenir. Au lieu de négocier inutilement avec la Gueldre pour empêcher une démarche à laquelle elle étoit déterminée, il falloit empêcher que cet exemple ne devint contagieux. Il falloit examiner les causes qui avoient produit cette révolution dans la Gueldre; et, si elles pouvoient avoir les mêmes suites dans les autres provinces, il falloit s'y opposer; et pour empêcher que la noblesse et le peuple ne désirassent un stathouder, il falloit qu'ils ne pussent pas se plaindre du gouvernement actuel : en partant de tout autre principe, on ne pouvoit avoir qu'un succès malheureux.

Tandis que les ennemis du stathoudérat ne faisoient rien de ce qu'ils auroient dû faire, ses partisans, appuyés du crédit de Georges II, roi d'Angleterre et beau-père du prince d'Orange, devenoient de jour en jour plus nombreux. Ils n'attendoient qu'un prétexte pour changer la face du gouvernement, et il se présenta en 1747, lorsque le roi de France attaqua le territoire des Provinces-Unies. Toute la cabale du prince d'Orange feignit les plus grandes alarmes pour répandre la consternation et intimider les magistrats. *Nous sommes perdus sans un stathouder. Donnez-nous un stathouder.* On n'entendoit que ces cris mêlés à des menaces. La province de Zélande obéit à la clameur publique, et les états de Hollande et d'Utrecht suivirent cet exemple, bientôt imité par la province d'Over-Issel.

Le premier succès encouragea les ennemis du gouvernement; et, comme si la république avoit craint de recouvrer un jour sa liberté, elle ne se contenta pas de rendre le stathoudérat héréditaire, elle voulut même que les filles fussent appelées à cette suprême magistrature. La loi porte que cette dignité ne pourra appartenir à un prince revêtu de la dignité royale ou électorale, ou qui ne professeroit pas la religion réformée. Les stathouders, pendant leur minorité, doivent être élevés dans les Provinces-Unies. Cette suprême magistrature ne passera à la postérité des princesses de la maison d'Orange, que dans le cas où elles auront épousé, du consentement des états, un prince de la religion réformée, et qui ne soit ni roi ni électeur. Une princesse héritière du stathoudérat, l'exercera sous le titre de *gouvernante*, et pour commander en temps de guerre, proposera à la république un général qui lui soit agréable. Pendant la minorité du stathouder, la princesse mère en exercera le pouvoir avec le titre de gouvernante, à condition cependant qu'elle ne se remariera pas.

## CHAPITRE V.

### *Du gouvernement d'Angleterre.*

GUILLAUME, duc de Normandie, ne pouvoit s'assurer de la fidélité des seigneurs normands qui l'avoient aidé à faire la conquête de l'Angleterre, qu'en les enrichissant des dépouilles des vaincus. Il leur donna de grandes terres ; mais en portant dans son nouveau royaume les lois et le gouvernement auxquels les seigneurs de son duché étoient accoutumés, il fut trop jaloux de son pouvoir pour ne pas établir une subordination plus exacte que celle qui étoit connue en France.

Quand vous étudiez l'histoire des premiers successeurs de Hugues-Capet, on vous a fait remarquer, Monseigneur, les principales causes de la foiblesse de ces princes ; on vous a dit que par la coutume, le souverain n'avoit d'autorité que sur ses vassaux immédiats et que peu de fiefs relevant directement de la couronne, les rois n'avoient de relation directe qu'avec un petit nombre de seigneurs. On a ajouté que ces vassaux des rois de France avoient pour la plupart des forces trop considérables pour remplir exactement les devoirs auxquels leur foi et leur hommage les obligeoient. Guillaume évita ces inconvéniens en partageant sa conquête en un très-grand nombre de baronies, qui toutes relevèrent de lui. Tous les seigneurs d'Angleterre furent ainsi ses vassaux immédiats, tous le reconnurent pour leur suzerain direct, et aucun, en particulier, ne fut assez puissant pour oser mesurer ses forces avec les siennes. Ce prince marqua encore dans ses chartres d'investiture les conditions auxquelles il conféroit ses fiefs, et s'y réserva même quelques droits de justice et d'inspection. Ses vassaux, ainsi gênés, pouvoient être indociles et se soulever ; mais ils ne devoient pas aspirer à la même indépendance qu'affectoient les seigneurs puissans qui relevoient du roi de France. C'est pour cela que les barons d'Angleterre faisoient des remontrances à Henri III, sur ce qu'il révoquoit les deux célèbres chartres que Jean Sans-Terre, son père, avoit données à la nation, et qu'il avoit lui-même juré d'observer ; l'évêque de Winchester, ministre de ce prince, leur répondit que les pairs d'Angleterre s'en faisoient beaucoup accroire, s'ils vouloient se mettre sur la même ligne que les pairs de France, et qu'il y avoit une extrême différence entre les uns et les autres. Les choses sont bien changées depuis, dit un anglais, et c'est aux pairs de France, s'ils vouloient comparer leur autorité à celle des pairs d'Angleterre, qu'on pourroit dire aujourd'hui qu'ils s'en font beaucoup accroire.

Les seigneurs normands favorisèrent toutes les vexations du nouveau roi, pour le mettre en état de faire de plus grandes largesses, et s'autoriser eux-mêmes, par son exemple, à vexer les habitans de leurs terres. Mais il y a un terme à tout, et rien ne restant plus à piller, on sentit la nécessité de recourir aux lois et d'établir un certain ordre pour affermir des fortunes élevées par des rapines. L'avarice, qui avoit uni les vainqueurs, ne tarda pas à les diviser. Les princes crurent avoir trop donné, et les vassaux crurent n'avoir pas assez reçu. Le mécontentement étoit égal, et les successeurs de Guillaume, voulant abuser de leurs forces, agirent avec une hauteur que la fierté des fiefs ne pouvoit souffrir, et se rendirent suspects à la nation. Les barons trop foibles, chacun en particulier, pour résister à l'autorité royale, se réunirent pour étendre leurs droits. Ainsi, tandis que les rois de France combattoient successivement contre différens seigneurs, et pouvoient espérer de les abattre les uns par les autres, en profitant de leurs divisions, les rois d'Angleterre ne pouvoient tirer aucun avantage de la politique par laquelle Guillaume avoit voulu se rendre puissant en ne faisant que des fiefs peu considérables. On peut même conjecturer que, dans le cours de ces divisions, les naturels du pays favorisèrent le parti des barons et lui donnèrent des secours. S'ils ne l'avoient pas fait, pourquoi trouveroit-on dans les chartres que les seigneurs firent signer à Jean Sans-Terre, les articles qui établissent les priviléges de Londres et de plusieurs autres villes, et qui tempèrent même l'empire des barons sur leurs sujets? On sait assez que dans ces temps d'usurpation, les mœurs et les principes des grands ne les portoient pas à diminuer leurs droits par générosité.

La *grande-chartre* et la *chartre des foréts* fixoient les droits du roi et des barons, et les immunités de la nation; mais, suivant la coutume de ce siècle d'ignorance et de barbarie, plus on avoit de raisons de ne pas compter sur les lois et les traités, moins on prenoit de mesures pour en assurer l'exécution. Tandis que les successeurs de Jean Sans-Terre ne songèrent qu'à violer les deux chartres que la nécessité lui avoit arrachées, la nation, toujours inquiète, ne cessa de se plaindre et de demander, par ses menaces, la réparation des torts qu'on lui avoit faits. C'est cet *intérêt* opposé qui fut le principe et l'ame de tous les événemens que présente pendant longtemps l'histoire d'Angleterre. Je n'entrerai, Monseigneur, dans aucun détail; il suffit d'observer que ce fut un flux et un reflux de guerres faites sans habileté, et de traités de paix conclus sans bonne foi. Ainsi la nation toujours agitée, parce qu'elle étoit mécontente de son gouvernement, en cherchoit un meilleur sans savoir où le trouver. Le seul avantage qu'elle ait retiré de ses premiers troubles, c'est d'avoir conçu pour la *grande-chartre* un respect qui s'est conservé d'âge en âge. Après les plus longues distractions et les plus longues erreurs, ce sentiment, si je puis parler ainsi, lui a encore servi de boussole; elle lui doit le gouvernement dont elle jouit aujourd'hui, qu'elle a raison d'aimer, mais qu'elle a tort de regarder comme le modèle et le chef-d'œuvre de la politique.

Les Anglais toujours unis et jamais lassés de combattre pour leur liberté, devoient également s'instruire par leurs succès et par leurs disgraces ; et ils n'étoient pas loin d'en recueillir le fruit en établissant un gouvernement régulier, lorsque les prétentions opposées des maisons d'Yorck et de Lancastre, firent oublier les grandes questions de la prérogative royale, pour ne s'occuper que des droits particuliers de quelques princes qui s'emparoient du trône les armes à la main. L'esprit de parti succéda à l'esprit patriotique. Les deux factions eurent pour leurs chefs une complaisance dangereuse, et leur permirent tout pour les faire triompher de leurs ennemis, ou pour les affermir sur le trône. Les rois passèrent les bornes prescrites à leur autorité; ils se firent de nouvelles prérogatives; et sans qu'ils s'en apperçussent, les Anglais se préparoient à supporter patiemment le despotisme de Henri VIII.

D'autres causes, en empêchant qu'ils ne reprissent leurs anciens principes, contribuèrent encore à la révolution qui se fit dans leur génie, sous le règne de ce prince. Telles sont, Monseigneur, les grandes affaires de l'Europe auxquelles l'Angleterre prit part, et qui l'empêchèrent de s'occuper de ses affaires domestiques ; et sur-tout, selon la remarque judicieuse de Rapin-Thoiras, les querelles de religion occasionnées par la nouvelle doctrine de Luther, et qui formèrent deux partis aussi animés l'un contre l'autre que l'avoient été la *Rose-blanche* et la *Rose-rouge*, et également disposés à sacrifier la cause publique à leurs intérêts particuliers. *Comme Henri VIII, dit* Rapin, *tenoit une espèce de milieu entre les novateurs et ceux qui étoient attachés à l'ancienne doctrine, personne ne pouvoit se persuader qu'il pût demeurer long-temps dans cette situation. Ceux qui souhaitoient la réformation, croyoient ne pouvoir mieux faire que de lui complaire en toutes choses, afin de pouvoir le porter par degrés à la pousser plus avant. Tout de même les partisans de l'ancienne religion, voyant de tels commencemens, craignoient qu'il n'allât plus loin et que leur résistance ne lui fît plutôt achever son ouvrage. Ainsi chacun des deux partis s'efforçant de le mettre dans ses intérêts, il en résultoit pour lui une autorité dont aucun de ses prédécesseurs n'avoit joui, et qu'il n'auroit pu usurper dans d'autres circonstances sans courir risque de se perdre.*

Les mêmes causes favorisèrent Edouard et la reine Marie, qui, en défendant avec chaleur la religion qu'ils professoient, étoient sûrs d'avoir pour eux un parti considérable qui les protégeoit, et leur permettoit de faire des entreprises nouvelles ou contraires aux lois. Les mœurs anciennes ne subsistoient plus, et les soins de la liberté et du gouvernement étoient d'autant plus négligés, que les Anglais commençoient à s'occuper sérieusement du commerce et des établissemens qu'ils faisoient dans le nouveau monde. Après les règnes trop durs qu'on avoit éprouvés, et contre lesquels on s'étoit contenté de murmurer, on se crut trop heureux d'obéir à Elisabeth, princesse aussi jalouse de son autorité qu'un tyran, mais assez éclairée pour savoir que la puissance se perd elle-même, si elle ne s'établit pas avec d'extrêmes ménagemens. La prudence et le courage d'Elisabeth la firent respecter. Les Anglais ne virent pas qu'elle affectoit de certaines prérogatives dont ses successeurs abuseroient ; ou s'ils le virent, ils ne le trouvèrent pas mauvais ; parce que ces prérogatives paroissoient nécessaires pour affermir la tranquillité publique, dans un temps où l'Angleterre, pleine de citoyens fanatiques qui ne demandoient que le trouble, avoit au-dehors des ennemis puissans.

Jacques I<sup>er</sup>, prince foible et qui craignoit par conséquent de voir échapper de ses mains son autorité, s'étoit persuadé, dans la lecture de quelques théologiens dont il faisoit ses délices, qu'il ne tenoit que de Dieu sa dignité ; il s'en croyoit le vicaire, et c'étoit de la meilleure foi du monde qu'il pensoit qu'on ne pouvoit mettre des bornes à sa puissance sans commettre un sacrilége. Il ne subsistoit presque aucun reste de l'ancien esprit national ; les Anglais distraits par les querelles des prêtres, par de nouveaux plaisirs et le luxe, parloient de leur liberté sans chaleur et sans inquiétude pour l'avenir. N'ayant encore aucune idée nette sur les principes du droit naturel et la nature des lois, peu instruits même de leurs antiquités, ils se laissoient mollement gouverner par des exemples, et ne trouvoient point étrange que l'injustice et l'audace des derniers princes devinssent, sous le nom de prérogative, des titres pour leurs successeurs. Dans cette disposition des esprits, la foiblesse même et la timidité de Jacques I^er, favorisèrent les progrès du despotisme; elle l'empêchoient de faire de ces entreprises hardies et tranchantes qui auroient peut-être retiré les Anglais de leur assoupissement.

Si les querelles de religion avoient beaucoup contribué à étendre la prérogative royale, elles ne tardèrent pas à réparer tous les torts qu'elles avoient faits à la liberté. Il s'étoit formé une secte d'hommes austères et rigides, qui voyoit avec indignation dans l'église d'Angleterre un reste de la hiérarchie et des cérémonies de la religion romaine que la reine Elisabeth y avoit conservées. Les presbytériens, en ne songeant qu'à se venger de la haine que le roi leur marquoit, firent naître un nouvel esprit dans la nation. Ils joignirent des questions de politique à des questions de théologie, examinèrent la conduite du prince, demandèrent quel étoit le titre de ses droits, et les discutèrent. Mais ils n'auroient jamais réussi à lever le voile mystérieux sous lequel la majesté royale se cachoit, ni à faire aimer la liberté, s'ils n'avoient retiré de la poussière des archives cette *grande-chartre* qu'on ne connoissoit que de nom, et qui avoit été pendant si long-tems la loi fondamentale des Anglais. Des raisonnemens n'auroient frappé que foiblement les esprits; mais on fut indigné en voyant combien tous les ordres de l'état avoient dégénéré. On regarda le prince comme un ennemi domestique qui s'étoit agrandi aux dépens de tous les citoyens. La grande-chartre reprit son ancienne autorité, et chacun y apprit ce qu'il devoit être.

Les communes, qui depuis long-temps avoient tellement ignoré leur pouvoir, que quand les parlemens étoient prolongés au-delà d'une session, le chancelier y appeloit, par ses lettres, de nouveaux membres à la place de ceux qu'il jugeoit arbitrairement hors d'état de s'y rendre, forcèrent la cour à renoncer à cette prérogative. Elles s'établirent seules juges de la validité des élections, et s'arrogèrent encore le droit de punir ceux à la poursuite desquels on arrêteroit un de leurs membres, et les officiers mêmes qui se seroient chargés de l'exécution. On commença à voir de mauvais œil la cour de *Haute-Commission* établie par Elisabeth, et dont les juges nommés par le roi, décidoient arbitrairement de toutes les affaires ecclésiastiques. On murmura contre une autre jurisdiction appelée la *Chambre-étoilée*, composée de juges tirés du conseil du prince, et qui exerçoit un pouvoir arbitraire dans les matières civiles. On crut voir la tyrannie s'introduire, ou plutôt s'exercer sous le masque dangereux de la justice ; et ce tribunal odieux fut détruit. En s'éclairant sur le passé, on devint plus soupçonneux, plus précautionné et plus circonspect sur l'avenir. On n'accorda plus les subsides avec la même complaisance qu'auparavant; enfin le parlement passa, en 1624, un bill par lequel chaque citoyen avoit une entière liberté de faire tout ce qu'il jugeroit à propos, pourvu qu'il ne fît tort à personne. Il ne devoit répondre de sa conduite qu'à la loi, et la loi n'étoit plus soumise ni à la prérogative royale, ni à aucune autre autorité.

Je serois trop long, Monseigneur, si je voulois vous rappeler en détail tous les établissemens, toutes les lois et tous les réglemens que firent les Anglais pour rapprocher leur constitution des principes de la *grande-chartre ;* mais je dois vous faire remarquer, que sans le zèle des presbytériens à prêcher et étendre leurs opinions théologiques, il est vraisemblable que cet esprit de liberté qu'ils avoient inspiré pour se venger d'un gouvernement qui leur étoit opposé, n'auroit produit qu'une effervescence passagère. Sans leurs principes politiques, il est vraisemblable aussi que leur haine contre l'épiscopat et les cérémonies superstitieuses de l'église anglicane, n'auroient allumé que des guerres inutiles, et que la nation n'auroit point enfin été dédommagée par un sage gouvernement de tout le sang que le fanatisme auroit fait répandre.

S'il est vrai que dans les révolutions il est nécessaire d'avoir des enthousiastes qui aillent au-delà du but, pour que les personnes sages et prudentes puissent y parvenir, les Anglais doivent de la reconnoissance aux *puritains,* secte formée des plus ardens presbytériens, et qui sans ménagement pour les évêques et le roi, vouloient également détruire l'épiscopat et la royauté. Suivez avec une certaine attention l'histoire de la maison de Stuart par M. Hume, et vous verrez que le fanatisme et l'amour de la liberté se prêtent toujours une force mutuelle. L'un se soutient par l'autre, et sans leur double secours, jamais les Anglais ne seroient parvenus à se rendre libres.

Vous connoissez, Monseigneur, les événemens de cette guerre mémorable qui ne fut terminée que par la mort tragique de Charles I<sup>er</sup>, et la tyrannie de Cromwel. Que de réflexions importantes doivent se présenter à votre esprit ! Quelle leçon pour les princes qui se laissent enivrer par leur fortune! Quelle leçon pour les peuples qui sont presque toujours opprimés par ceux qui prennent leur défense! Quoi qu'il en soit, l'amour de la liberté avoit fait de tels progrès, que ni les malheurs de la guerre, ni la tyrannie de Cromwel, ni le rappel de la maison de Stuart fait au milieu des acclamations du peuple, ne furent pas capables de l'étouffer. Le premier parlement que convoqua Charles II, eut beau, en son nom et au nom de toute la nation, se déclarer coupable de révolte et de lèze-majesté ; il eut beau déclarer que nuire au roi, le déposer, ou prendre les armes défensivement contre lui, c'étoit un crime de haute trahison ; il eut beau reconnoître qu'aucune des deux chambres, ni les deux réunies ne possédoient aucune autorité indépendamment du roi ; l'autorité arbitraire étoit frappée dans ses fondemens. Quoique la nation n'osât avouer ni désavouer ses représentans, les républicains forcés de se taire, mais qui ne pouvoient plus souffrir que des lois conformes à la *grande-chartre*, frémissoient de colère en secret, et attendoient le moment d'oser se montrer.

A l'exception des catholiques, toutes les sectes répandues en Angleterre, voyoient avec chagrin sur le trône un prince qu'on soupçonnoit d'avoir embrassé la religion romaine; et avec désespoir que le duc d'Yorck, son héritier présomptif, eût l'audace d'en faire publiquement profession. Les mœurs se dégradoient, Charles II avoit mis à la mode des vices qui ne sont propres qu'à faire des esclaves; et les partisans de l'ancienne liberté ne s'en consoloient que dans l'espérance que la religion causeroit encore une révolution. On ne parloit que de cette intolérance cruelle qu'on reprochoit depuis plus d'un siècle à l'église romaine. Les indépendans, les presbytériens et les épiscopaux avoient le même intérêt de ne point obéir à un roi catholique; mais heureusement pour le prince, leurs anciennes haines les divisoient, et ils n'osoient point se fier les uns aux autres. Tandis que la cour négligeoit de les tenir séparés, la politique plus adroite des républicains les réunit, ou plutôt sut les engager chacun en particulier à favoriser la révolution qu'elle méditoit. Jacques II, entouré d'amis imprudens et de catholiques emportés, ne voyoit pas qu'on ne souffriroit avec une patience simulée ses premières injustices, que pour l'encourager à en commettre de plus grandes, le rendre odieux et hâter sa perte. Il croyoit toucher au pouvoir absolu, et le prince d'Orange à qui on avoit promis la couronne, descendoit en Angleterre pour l'en chasser.

Après tant de révolutions, dont il n'est

pas inutile de rechercher la cause et l'esprit, voici enfin l'époque de l'établissement d'une liberté moins agitée. Le parlement assemblé, le 22 janvier 1689, déclara que le prétendu pouvoir de dispenser des lois ou d'en suspendre l'exécution par l'autorité royale, sans le consentement du parlement, étoit contraire aux lois et à la constitution d'Angleterre. On ôta à la couronne le droit qu'elle s'étoit attribué de créer des commissions ou des cours de justice; et il fut ordonné que dans les procès, même de haute trahison, les *jurés* ne seroient pris que parmi les membres des communautés. Toute levée d'argent pour l'usage de la couronne, sous prétexte de quelque prérogative royale, et que le parlement n'auroit pas accordée, fut proscrite; et le roi ne peut la faire que pendant le temps, et de la manière que le parlement l'aura ordonnée. Tout anglais fut autorisé à présenter des *pétitions* au roi, et toute poursuite ou tout emprisonnement pour ce sujet, déclaré contraire aux lois, de même que la levée ou l'entretien d'une armée dans le royaume en temps de paix, sans le consentement de la nation. On assura la libre élection des membres du parlement. On ordonna que les discours et les débats du parlement ne seroient recherchés ou examinés dans aucune cour, ni dans aucun autre lieu que le parlement même. Il fut défendu d'exiger des cautionnemens excessifs, d'imposer des amendes exorbitantes, et d'infliger des peines trop dures.

Voilà, monseigneur, ce que l'Angleterre appelle sa loi fondamentale. Vous voyez des bornes très-clairement prescrites à l'autorité royale, et si le prince les respecte, la nation sera certainement libre; mais quel garant a la nation que le prince obéira à la loi ? Plusieurs écrivains, et l'auteur de *l'Esprit des lois*, dont l'autorité est si grande, ont prodigué les éloges à cette constitution; mais peut-on l'examiner attentivement, et ne pas voir que l'ouvrage de la liberté n'est qu'ébauché ? Trois puissances, dit-on, le roi, la chambre-haute et les communes se tiennent en équilibre, se tempèrent mutuellement; et aucune ne peut abuser de ses forces. Mais je le nie; et quelles mesures efficaces les

Anglais en effet ont-ils prises pour mettre le gouvernement à l'abri de toute atteinte de la part du roi ? On diroit, au contraire, qu'ils ont voulu rendre le prince assez puissant pour qu'il puisse se flatter de le devenir encore davantage. On diroit qu'ils ne gênent ses passions que pour les irriter. Si l'équilibre des différens pouvoirs est établi sur de justes proportions, pourquoi ces alarmes toujours renaissantes de la nation? pourquoi ces plaintes continuelles contre le ministère qu'on accuse toujours de trahir son devoir?

C'est un principe en Angleterre, que le roi est toujours innocent, qu'on ne peut le citer devant aucun tribunal, et que la loi n'a point de jugement à prononcer contre lui. Il falloit donc le mettre dans l'heureuse impuissance d'être coupable; il falloit donc, pour ne pas ouvrir la porte à tous les abus qu'entraîne l'impunité, diriger toutes ses passions vers le bien public, écarter les tentations, et empêcher qu'il n'eût des intérêts différens de ceux de ses sujets. Mais, me dira-t-on, les ministres répondent de sa conduite sur leurs têtes; ils le contiendront dans le devoir. Quelle misérable ressource ! et peut-on y compter ? Quand le prince ne connoît point de juge, combien ne lui reste-t-il pas de moyens pour sauver ses complices et les instrumens de son ambition ? Ses ministres serviront toutes ses passions, parce qu'ils en attendent leur fortune. En un mot, Monseigneur, quelle force ou quel crédit ne doit pas avoir un roi qui a sous ses ordres une milice toujours subsistante dont il dispose, sur-tout s'il possède des revenus immenses, avec lesquels il achetera des amis, et s'il distribue des charges, des honneurs, des dignités avec lesquels il corrompra la vertu, les lois et la justice.

Quand l'Angleterre n'auroit aucun de ces vices qui ramènent la principale autorité dans les mains du roi, ne suffit-il pas qu'il convoque, ajourne, sépare et casse à son gré le parlement, pour qu'il n'y ait aucun équilibre réel entre lui, la chambre-haute et les communes ? Le roi peut beaucoup de choses sans le parlement ; le parlement, au contraire, ne peut rien sans le roi. Où donc est cette balance à laquelle on attribue des effets si salutaires? Le roi peut suspendre l'action du parlement, et le parlement ne peut contraindre le roi à donner son consentement aux bills qu'on lui propose : quelle est donc leur égalité ? Et dès que ces puissances sont inégales, la plus considérable ne doit-elle pas tous les jours augmenter ses droits? Il est vrai que par la forme de leur gouvernement on ne peut contraindre les Anglais d'obéir à une loi qu'ils n'auroient pas faite; mais il faut avouer aussi qu'ils ne sont pas les maîtres d'avoir la loi qu'ils voudroient avoir, et c'est ne jouir que d'une demi-liberté. Je voudrois que les personnes qui donnent de si grands éloges à la constitution anglaise, m'expliquassent comment il peut n'être pas pernicieux à un état que la puissance législative qui en doit être l'ame, soit subordonnée à la puissance exécutrice. Enfin si je suppose que le roi mette la liberté publique en danger, soit en ne convoquant pas le parlement, soit en l'achetant pour en faire le ministre de ses volontés, je demande par quelle voie légale on pourra s'opposer à ses entreprises? Si les Anglais n'en ont point d'autre que des *pétitions*, des *adresses* ou des prières, c'est un vice énorme dans leur gouvernement qui en causera tôt ou tard la ruine. S'ils n'emploient pas la force, ils seront à la fin subjugués par un prince opiniâtre, courageux, et qui n'aura que le malheureux talent de ne point entendre raison. On se familiarisera avec les abus, et on n'est pas loin de tolérer de grands maux, quand on en souffre de petits. Pour avoir recours à la force, il faudra exciter une sédition, une révolte, une guerre civile, c'est-à-dire, que pour venir au secours du gouvernement, il faudra violer une des lois les plus sacrées de la société, armer les citoyens les uns contre les autres, et abandonner témérairement l'état au sort toujours incertain des armes.

N'est-il pas surprenant, Monseigneur, que les Anglais qui reprochoient depuis si long-temps et si souvent à leurs rois d'avoir des intérêts contraires à ceux de la nation, leur aient abandonné une partie de la puissance législative? N'est-il pas surprenant qu'ils n'aient pris aucune mesure efficace pour contenir la puissance exécutrice dans les bornes qui lui sont prescrites ; c'est-à-dire, pour l'obliger à obéir aux lois avec la même docilité que les citoyens ?

Jacques I, en 1624, avoit offert aux communes, que les subsides qui lui seroient accordés, fussent remis à des commissaires du parlement qui seroient chargés d'en faire l'emploi, sans qu'ils passassent par ses mains. Pourquoi cette offre de Jacques I n'est-elle pas devenue une loi constante et perpétuelle, quand on réforma le gouvernement après la révolution de 1686 ? Les Anglais, sur la fin du dernier siècle, ignoroient-ils le pouvoir de l'or et de l'argent sur les hommes ? Ne savoient-ils pas que les citoyens que le roi paye, se croient ses serviteurs ; et qu'ils se regarderoient comme les serviteurs de la nation, si la nation leur payoit leurs salaires par les mains d'un membre des communes ?

En 1640, le parlement porta un bill pour se rendre triennal. Il ordonna que tous les trois ans, le chancelier, sous peine d'amende, enverroit le 3 septembre des lettres de convocation ; qu'à son défaut douze pairs pourroient y suppléer; qu'en cas de silence de leur part, les schérifs, les maires et les baillis donneroient des ordres pour l'élection, et que, si ces officiers manquoient à leur devoir, les électeurs s'assembleroient et procéderoient au choix de leurs députés. Par le même bill, le parlement, lorsqu'il seroit assemblé, ne pouvoit être ajourné, prorogé et dissous pendant l'espace de quinze jours sans le consentement de ses membres. Je sais les reproches qu'on peut faire à ces loix; je sais qu'on en pouvoit publier de plus sages pour assurer l'indépendance de la nation. Mais, sans m'étendre là-dessus, je me borne à demander par quelle raison le parlement de 1689 négligea de rétablir une loi qui étoit dans ses archives, et qui sans être aussi parfaite qu'elle pouvoit l'être, auroit cependant favorisé la liberté, et rendu la puissance exécutrice moins entreprenante.

Sans doute que les Anglais ont découvert qu'il leur étoit plus avantageux d'avoir un parlement septennaire que triennal; mais j'avoue que je ne devine point leurs raisons. Sans doute que leur philosophie a découvert de nouveaux principes dans le droit naturel, et jugé raisonnable qu'une nation qui se vante de disposer du trône à son gré, de faire ses lois et de n'avoir point de maître, ne doit pas avoir la liberté de se tenir assemblée quand elle le juge à propos. En 1641 le parlement avoit demandé que le roi ne fit plus de nouveaux pairs sans le consentement des deux chambres. N'étoit-ce pas un moyen sûr pour tempérer la prérogative royale, l'empêcher de se faire des partisans en flattant l'ambition des citoyens, et rendre utiles à la nation des dignités qui n'avoient été avantageuses qu'au roi? pourquoi donc les réformateurs du gouvernement ne daignèrent-ils rien prononcer sur cet article important?

Vous penserez peut-être, Monseigneur, que la prudence modère leur zèle; vous direz qu'il falloit ne pas déplaire au prince d'Orange accompagné d'une armée étrangère, et qui pouvoit devenir un Cromwel, si on l'eût réduit à ne porter qu'un vain nom. J'y consens, pour ne point entrer dans une discussion qui m'éloigneroit trop de mon objet. Mais quand il fut certain que

Guillaume III n'auroit point de postérité, quand le parlement régla l'ordre de la succession, quand après la mort de la reine Anne, il plaça sur le trône la maison de Hanovre, et put établir à son gré la forme du gouvernement, pourquoi négligea-t-il de réparer ses fautes, et de porter les lois les plus favorables à sa liberté? Est-ce ignorance? On ne peut le penser. Est-ce infidélité? Quelques hommes trahirent-ils leur patrie pour faire leur cour à la maison qui devoit régner? Je n'oserois le dire.

S'il faut s'en rapporter au témoignage de quelques anglais qui connoissent leur pays, et ne se laissent point éblouir par ce que les hommes ordinaires appellent la prospérité de l'état, le plus grand ennemi qu'ait aujourd'hui leur constitution, c'est la vénalité que les richesses, le luxe et l'avarice y ont introduite. Ce n'est point par des coups d'éclat et de violence que cette corruption des mœurs domestiques prépare une révolution ; elle ne rompra pas avec effort les ressorts du gouvernement; elle les rouille seulement, si je puis parler ainsi, et les carie. Elle agit insensiblement, elle intimide la raison; elle flatte toutes les passions, elle rend insensible au bien public; et des citoyens, qui ont l'ame avilie, ont beau avoir des lois pour être libres, ils veulent être esclaves. La cause de ce mal, Monseigneur, c'est que les Anglais ont négligé une vérité importante que j'ai pris la liberté de mettre sous vos yeux dans la première partie de cet ouvrage. Ils se sont proposé un autre bonheur que celui auquel nous sommes appelés par la nature. A force de vouloir augmenter leurs richesses et étendre leur domination, ils sont parvenus à ne consulter que leur avarice et leur ambition; et vous savez quels conseils on doit attendre de ces deux passions qui donnent des espérances trompeuses, et des maux certains.

Avec l'autorité que les lois donnent au roi d'Angleterre, ou dont il sait s'emparer avec adresse, il faut convenir que ses défauts, ses goûts, ses passions, son caractère, en un mot, ont trop d'influence dans les affaires. Tantôt on voit de la mollesse, et tantôt de la force. Relativement à ses intérêts envers les étrangers l'Angleterre semble n'avoir ni système ni vue suivie. Le prince qui choisit à son gré ses ministres, et les disgracie à son gré, les oblige trop à penser comme lui.

Cependant il faut convenir que ce défaut, quelque grand qu'il soit en Angleterre, y est moins considérable que chez plusieurs autres peuples. Sans doute que l'intrigue est nécessaire à Londres et à S. James pour venir à la faveur et aux grandes places; mais les intrigans s'y donnent la peine d'avoir quelque mérite. Ils ont affaire à une nation éclairée, inquiète, jalouse de ses droits et de sa réputation, et toujours prête à blâmer hautement ce qu'elle n'approuve pas. Ailleurs on garde un profond silence sur le gouvernement : c'est une prérogative de la grandeur, de faire des sottises sans craindre des satyres; et si les gens en place entendent quelques voix autour d'eux, ce sont les voix de la flatterie qui a cent bouches comme la renommée. On ne déplaît pas impunément au peuple anglais; il peut arriver que les plaintes et les murmures du public, fassent violence au goût du prince, et placent dans son conseil l'ami de la nation.

L'Angleterre maîtresse de la mer, n'a rien à craindre de la part des étrangers. Sa trop grande puissance au dehors, des colonies trop vastes, un commerce trop étendu, voilà ce qu'elle doit le plus redouter. Peut-être auroit-elle besoin de quelque disgrace pour conserver le plus grand de ses biens, je veux dire sa liberté; mais qui oseroit assurer qu'elle sût profiter d'une disgrace qui choqueroit son avarice et son ambition?

## CHAPITRE VI.

### *Du gouvernement de Suède.*

C'est des provinces de Suède, appelée autrefois Scandinavie, que sont sorties, Monseigneur, la plupart des nations qui ont détruit l'empire romain. Les peuples de ce royaume ont conservé long-temps les mœurs de ces Goths et de ces Vandales, dont l'histoire ne perdra jamais le souvenir. La Suède s'est policée, sans prendre les vices des nations polies; et de nos jours elle vient d'établir le gouvernement le plus digne des éloges et de l'admiration des politiques.

Les Suédois ont toujours été extrêmement jaloux de leur liberté. Ils regardoient, disent les historiens, leur roi comme un ennemi domestique, et plus dangereux que les ennemis étrangers. Mille monumens attestent que dans les temps les plus reculés les grands avoient des châteaux fortifiés, y tenoient garnison, avoient des guerres particulières entre eux, et la faisoient même au souverain; mais je suis persuadé que ce n'étoit point en vertu des fiefs, et du gouvernement féodal. Ces désordres avoient un autre principe ; c'étoit ou l'amour de l'indépendance ou le défaut d'une magistrature assez puissante pour forcer les citoyens à respecter la tranquillité publique. Nous voyons en effet que tous les autres peuples du Nord qui s'établirent sur les terres de l'empire, se conduisoient par les mêmes maximes, avant que de connoître le gouvernement des fiefs. On n'avoit en Suède aucune idée de nos seigneuries patrimoniales; les titres de comtes et de barons y sont modernes, ils sont personnels, et non pas attachés à des possessions. D'ailleurs les villes et l'ordre des paysans ont toujours envoyé leurs députés aux assemblées de la nation : privilége qui ne peut s'associer avec les coutumes des seigneuries féodales.

Le célèbre Gustave-Vasa ayant délivré sa patrie de la tyrannie des Danois et du clergé, fut élevé sur le trône ; et la nation par reconnoissance rendit la couronne héréditaire dans sa maison. Ce prince laissa à ses successeurs son courage, ses talens, sa grandeur d'ame ; et par cette espèce d'ascendant que donnent des qualités sublimes et brillantes, ces héros furent tout-puissans en gouvernant une nation libre. Cette heureuse harmonie fut enfin troublée. Il s'éleva quelques différens entre Charles XI et le sénat qui, séparant trop ses intérêts de ceux de la nation, s'étoit rendu odieux. La diète, en 1680, déféra la souveraineté au roi, en déclarant *qu'il pouvoit écouter les avis et les représentations du sénat ; mais que sa majesté auroit le droit de décider*. C'étoit l'affranchir du pouvoir des lois; et la diète aveuglée par son ressentiment, ne s'apperçut pas qu'elle devoit en quelque sorte perdre toute son autorité, dès qu'elle auroit rendu le prince assez puissant pour soumettre le sénat à ses volontés.

Les Suédois ne tardèrent pas en effet à éprouver les inconvéniens du pouvoir le plus arbitraire. Charles XI avoit, dit-on, des talens pour régner ; mais ses talens devinrent inutiles à ses sujets, dès qu'il fut assez puissant pour avoir des courtisans et des flatteurs. La Suède éprouva au-dedans les vexations les plus criantes, et perdit au-dehors une partie de sa réputation. Dans ces circonstances Charles XII. monta sur le trône. Ce héros, le plus extraordinaire que les hommes aient vu depuis Alexandre, rendit son royaume malheureux, en outrant toutes les qualités les plus propres à faire un grand roi. Les Suédois étoient trop braves pour ne pas l'idolâtrer; mais, à sa mort, ils eurent la sagesse de se dire : *si un prince qu'on ne peut s'empêcher d'admirer, qui a l'ame grande, noble et magnanime, ne tient à l'humanité par aucune passion basse, fait cependant tant de mal quand il n'a d'autre règle que sa volonté; que ne doit-on pas attendre de ces ames communes, de ces hommes sans caractère, qui se laissent enivrer des vapeurs du pouvoir arbitraire, et qui gouvernent en obéissant aux passions de leurs favoris et de leurs flatteurs ?*

La Suède rentra, par la mort de Charles XII, dans le droit de se choisir un roi et de former un nouveau gouvernement. Ce seroit une espèce de prodige qu'elle eût établi une république, si le despotisme extraordinaire de ce prince n'eût été aussi propre à donner de l'élévation aux esprits, que le despotisme ordinaire est capable de les avilir. En faisant de grandes choses sous Charles XII, les Suédois sentirent qu'ils n'étoient pas faits pour être des esclaves. Tandis que la nation regrettoit sa liberté, quelques citoyens éclairés et vertueux s'occupèrent à chercher les lois auxquelles leur patrie devoit obéir; ainsi, à la mort inattendue de Charles, tout se trouva préparé pour une révolution. *Nous remercions très-humblement sa majesté* ( la princesse Ulrique Eléonore), dirent les ordres de l'état assemblés en diète, *de l'aversion juste et raisonnable qu'il lui a plu de témoigner contre le pouvoir arbitraire et absolu dont nous avons éprouvé que les suites ont fort préjudicié au royaume, et l'ont grandement affoibli. De sorte que nous, les conseillers et états du royaume assemblés, ayant fait* une triste expérience, avons résolu sérieusement et d'une voix unanime, d'abolir entièrement ce pouvoir arbitraire si préjudiciable.

*Notre principal but,* dit la diète *de* 1720, *a été de faire en sorte que, par nos fidelles soins, notre sincère affection, notre zèle et nos résolutions, la majesté du roi restât inviolable, que le sénat fût maintenu dans l'autorité qui lui appartient, et que les droits et les libertés des quatre ordres de citoyens leur fussent conservés, afin que le commandement et l'obéissance se correspondent suivant un ordre certain et constant, et que la tête et les membres soient unis pour ne former qu'un corps inséparable.*

Voilà certainement l'objet que doit se proposer toute société, et la fin à laquelle elle doit aspirer. Il n'est question, Monseigneur, que de mettre sous vos yeux les moyens que les Suédois ont employés pour n'obéir qu'aux lois qu'ils auront faites, et donner à leurs magistrats cette sage autorité qui les élève au-dessus des citoyens et les tient soumis aux lois. C'est par cette heureuse harmonie que se forme un gouvernement aussi favorable au tout qu'à chacune de ses parties.

La diète de Suède, plus sage que le parlement d'Angleterre, s'est attribué toute la puissance législative. Ce n'est point le consentement du prince qu'elle demande; toutes ses résolutions sont des ordres pour lui. Le roi convient lui-même, dans son *assurance*, que les états du royaume *ont le pouvoir le plus entier de faire présentement et à l'avenir des décrets, des réglemens et des ordonnances sur ce qui les regarde et sur ce qui concerne le royaume, tels qu'ils les jugeront convenables pour le bien public, et pour leur liberté, félicité et sûreté.* Dans la crainte de voir échapper de leurs mains cette autorité, les Suédois se sont bien gardés de confier au roi seul la puissance exécutrice. Il doit faire observer les lois, mais en consultant les sénateurs et en se conformant à leur avis. *Le roi*, dit l'ordonnance du 17 octobre 1724, *maintient et fait exécuter tout ce que les états ont résolu et ordonné, et c'est l'affaire* du sénat que d'aider et avertir le roi à cet égard. Si le roi n'est pas présent, ce qui doit être expédié au nom du roi, le sera avec le seing du sénat. La même chose doit se faire après avoir fait des remontrances au roi, lorsque sa signature est attendue plus long-temps que la nature des affaires dont il s'agit, ne le comporte; en sorte qu'aucune des affaires que les états remettent très-humblement au roi pour être expédiées par sa majesté, ne soit exposée à rester sans exécution.

Vous voyez, Monseigneur, que si la diète n'avoit pas pris une sage précaution pour se passer de la signature du roi, il auroit eu, avec un peu d'opiniâtreté, la même prérogative que le roi d'Angleterre, de rendre inutile l'action de la puissance législative, d'éluder la force des lois qui ne lui seroient pas favorables, de les faire tomber dans l'oubli ou dans le mépris, et de se rendre ainsi de jour en jour plus puissant. La diète ne s'en est pas tenue là pour s'assurer de la fidélité de son premier magistrat. Elle lui apprend qu'il a un juge, et qu'il ne peut violer ses *assurances* sans être soumis à la rigueur des lois. *Nous déclarons par ces présentes,* dit la diète, *que celui qui par des pratiques secrettes, ou à force ouverte, cherchera à se revêtir du pouvoir arbitraire, doit être exclus du trône et regardé comme un ennemi du royaume.*

En chargeant un roi héréditaire de la manutention des lois et de toute l'administration au-dedans et au-dehors, la Suède avoit à craindre de voir monter sur le trône un prince foible ou violent, sans caractère ou opiniâtre, d'un esprit louche ou trop borné; tantôt les ressorts de la puissance exécutrice auroient été trop relâchés ou trop tendus; tantôt l'esprit des lois n'auroit pas été saisi, ou auroit été mal interprété. En remédiant à ces abus inévitables en Angleterre, la Suède a encore mis de nouvelles entraves à l'ambition de son roi. La diète lui a donné pour conseil un sénat composé de seize sénateurs qui partagent tous avec lui son autorité. Tout se règle, tout s'administre par ce sénat, mais à la pluralité des voix, et le roi n'en est que le président. Sa prérogative se borne à avoir, dans certaines occasions, une voix prépondérante. Je m'explique : s'il y a dans le sénat deux avis, dont l'un soit soutenu par six ou sept sénateurs, et l'autre par huit, le roi, en décidant pour la première opinion, la rend l'opinion dominante : mais dès qu'un avis est prépondérant de trois voix sur l'autre, il n'est plus libre au roi d'adopter celui-ci, ou s'il le fait, c'est inutilement. On a vu le roi régnant refuser, dans ces occasions, de signer les décrets du sénat, sous prétexte que sa conscience ne lui permettoit pas de signer une chose qu'il jugeoit injuste ou dangereuse. Cette contestation du sénat et du roi fut portée à la diète de 1755, et les états décidèrent que *la conscience éclairée* d'un roi de Suède lui ordonnoit de signer ce qui avoit été arrêté dans le sénat à la pluralité des suffrages, *parce qu'il doit gouverner par l'avis du sénat;* que la signature n'est point une marque d'approbation, *et que si sa conscience servoit de règle à la loi, le despotisme seroit établi.* Cependant par condescendance pour la délicatesse timorée du roi, il fut ordonné qu'en cas de refus de sa part, on supléeroit à sa signature par une estampille qui l'imiteroit.

En dernière analyse, le nom du roi fait tout; la personne du roi ou sa volonté particulière ne fait rien. Il n'est rien qu'un homme privé quand il n'est pas l'organe du sénat, dont la conduite est soumise à l'examen et au jugement de la diète. Il n'a aucun ordre à donner, parce qu'il n'est pas alors le ministre de la loi. On ne se justifieroit point en alléguant pour sa défense un pareil ordre, parce que c'est un principe sacré et fondamental en Suède, que la volonté du roi ne peut jamais être qu'il se fasse quelque chose contre la teneur des *assurances* qu'il a données, et contre la forme du gouvernement.

Tous les emplois considérables, depuis celui de colonel jusqu'au grade de feldmaréchal, l'un et l'autre inclusivement, et tous ceux qui leur répondent en dignité dans l'ordre civil, sont conférés par le roi dans l'assemblée du sénat qui lui présente trois sujets, et il choisit à son gré la personne qui lui est la plus agréable. Quand il vaque un emploi inférieur à ceux-ci, le collége d'administration auquel il ressortit présente trois personnes au roi qui choisit celle qu'il veut. A l'égard de la nomination aux prélatures ou sur-intendances du clergé, le consistoire présente au roi les trois sujets qui ont réuni le plus de voix en leur faveur dans l'assemblée du diocèse; et par l'avis du sénat, il confère la dignité épiscopale. Il n'y a que fort peu de charges que le roi confère sans présentation; telles sont celles de gouverneur de Stockholm, de capitaine des gardes et des colonels des gardes et de l'artillerie. Il nomme encore à son gré son aide-de-camp-général, et tous les officiers domestiques de sa maison ; cependant il faut observer que la charge de maréchal de la cour qui est plus importante que toutes les autres, ne peut être donnée qu'à un sénateur.

Quand il vaque une place de sénateur, la diète y nomme elle-même, en présentant au roi trois sujets dont il en choisit un. Il ne peut y avoir dans le sénat plus de deux personnes d'une même famille. Le principal objet des sénateurs, est de conserver, protéger et défendre la forme du gouvernement; de veiller à ce que la justice soit administrée entre les citoyens suivant les lois ; de prendre les mesures nécessaires pour empêcher qu'il ne soit fait aucun préjudice au corps de la nation, ni à aucun des ordres qui la composent. Si dans l'intervalle des diètes, il survient quelque événement qui exige une ordonnance, le sénat la publie au nom du roi, et ce réglement provisoire n'a de force que jusqu'à la prochaine diète qui l'examine, la modifie, l'adopte ou la rejette, suivant l'exigence des cas. Chaque sénateur est responsable de sa conduite aux états, et doit leur en rendre compte quand ils l'exigent.

Le sénat est aidé, dans l'administration des affaires, par différens *colléges* ou conseils indépendans les uns des autres, et dont les départemens sont distingués et réglés par la nature même des affaires dont ils sont chargés. Justice, chancellerie du royaume, guerre, amirauté, finances, mines, commerce, ce sont autant d'objets qui forment des colléges à part. Un sénateur préside à chacun d'eux. Ils préparent les matières qui doivent se traiter et se résoudre au sénat, et chacun met en exécution, dans son département, les ordres qui lui sont donnés.

Quand la diète est assemblée, le roi et le sénat ne peuvent conclure ni paix, ni trève, ni alliance sans son consentement. Pendant son absence, cette partie de l'administration les regarde, et ils doivent faire connoître, à la prochaine assemblée des états, les engagemens qu'ils ont contractés. Le roi et le sénat, deux noms indivisibles, ne peuvent déclarer la guerre sans le consentement de la diète; mais si le royaume est attaqué par un ennemi domestique ou étranger, on doit repousser la violence par la force, et convoquer en même temps une diète extraordinaire.

La diète ordinaire doit s'assembler tous les trois ans, au milieu du mois de janvier. S'il arrivoit que ni le roi, ni le sénat ne convoquassent pas les états pour cette assemblée ordinaire, ou pour une diète extraordinaire que les états précédens auroient ordonnée, tout ce que le roi et le sénat auront fait pendant cet intervalle, sera nul et de nul effet. Les lettres de convocation doivent être publiées à la mi-septembre. Lorsqu'elles n'auront pas paru le 15 novembre, le grand gouverneur de Stockholm et les baillis des provinces en doivent aussitôt donner avis dans l'étendue de leur ressort, afin que les députés des quatre ordres puissent d'eux-mêmes se rendre à Stockholm, pour y ouvrir la diète vers le milieu du mois de janvier suivant. Avant l'examen de toute autre affaire, on recherchera les motifs qui ont pu porter le roi et le sénat à négliger de convoquer les états.

Chaque famille noble a son représentant à la diète, et il doit avoir vingt-quatre ans accomplis. Chaque diocèse y envoie son député général, et chaque prévôté son délégué particulier. Toutes les villes jouissent du même avantage; et les communes élisent, dans chaque territoire ou district, un député qui doit être de l'ordre des paysans. Ce représentant doit être domicilié et établi dans le territoire dont il tient ses pouvoirs; il ne doit avoir possédé auparavant aucun emploi public, ni avoir appartenu à un autre ordre. Il est libre à plusieurs prévôtés de se réunir pour n'avoir qu'un même député. Deux ou trois villes, quand elles ne sont pas considérables, peuvent de même confier leurs intérêts et leur suffrage au même représentant. L'ordre des paysans a la même liberté. Chaque député doit être muni des pleins-pouvoirs de ses commettans, qui, en l'autorisant pour discuter et résoudre les affaires mises en délibération, lui ordonneront spécialement de se conformer à la loi fondamentale du royaume, et de ne permettre, sous aucun prétexte, qu'on y porte atteinte. La personne des députés à la diète est inviolable. Les maltraiter, soit de parole, soit d'effet pendant la tenue des états, quand ils s'y rendent, ou qu'ils en reviennent, c'est un crime capital. On ne peut arrêter un député, à moins qu'il ne soit surpris dans des crimes très-graves ; et en ce cas, on en donnera aussitôt connaissance à la diète.

Après que le roi a fait l'ouverture de la diète, et exposé ses propositions ou demandes, on le reconduit chez lui, et chaque ordre se rendant dans la salle qui lui est destinée, entend la lecture de l'édit nommé *forme du gouvernement*, des assurances que le roi a juré d'observer, et de l'ordonnance qui concerne l'ordre, la discipline et le régime de la diète.

Je ne puis mieux vous donner, Monseigneur, une idée exacte de la puissance et de l'administration de cette assemblée, qu'en copiant ici le treizième article de la loi fondamentale. « On traite dans la diète,
» non-seulement de ce que le roi a fait re-
» présenter par ses propositions ou autres
» écrits expédiés et contre-signés de l'avis
» du sénat, mais encore tout ce que les
» états jugent eux-mêmes pouvoir inté-
» resser le bien général du royaume. On
» y recherche comment l'édit de la forme
» du gouvernement, les assurances royales
» et la loi fondamentale du royaume ont
» été observés ; et s'il s'est passé quelque
» chose de contraire à ces lois, on ne doit
» le tolérer sous aucun prétexte, mais le
» redresser et en punir les auteurs. On y
» examine les délibérations du sénat et sa

» gestion depuis la dernière diète, soit dans
» l'intérieur du royaume, soit dans les af-
» faires étrangères. S'il se présente des af-
» faires de nature à ne pouvoir être rendues
» publiques, on en traite dans le comité
» secret, ou dans quelque autre députa-
» tion, ou dans une commission particu-
» lière que les états jugeront à propos
» d'établir pour cet effet. Les états doivent
» aussi rechercher comment la justice a
» été rendue, et comment ce qu'on nomme
» la revision de justice, s'est acquittée de
» ses fonctions. De plus, les états doivent
» prendre connoissance de l'emploi qui a
» été fait des deniers publics, s'informer
» comment les joyaux et autres effets pré-
» cieux de la couronne sont conservés, soit
» dans la chambre du trésor, soit ailleurs;
» en quel état se trouvent l'économie du
» pays, l'armée de terre et de mer, la
» flotte, les forteresses; comment on doit
» dresser l'état des dépenses; si les ordon-
» nances ou déclarations, publiées depuis
» la diète précédente, doivent être adoptées
» et recevoir force de loi; en un mot et
» sans exception, tout ce dont ils jugent

» nécessaire de prendre connoissance. Les
» colléges et consistoires doivent aussi leur
» rendre compte de leur administration.
» De plus, c'est dans la diète qu'on en-
» tend les griefs, plaintes et propositions
» de chaque ordre, autant du moins qu'elles
» ne renferment rien de contraire aux lois
» fondamentales ; mais il ne sera pris sur
» ce sujet-là aucune résolution qui n'ait
» été unanimement approuvée par les états.
» Les particuliers peuvent aussi porter leurs
» plaintes devant les états, mais seulement
» dans le cas où ils ne peuvent trouver
» ailleurs le redressement de leurs griefs,
» et au risque d'être punis s'ils ne peuvent
» prouver qu'il leur ait été fait injustice
» contre le sens clair et formel d'une loi
» ou d'une ordonnance. De plus, dans ces
» sortes de plaintes contre le sénat, les
» colléges, consistoires, officiers, juges, etc.
» on doit toujours observer de ne point
» blesser les égards qui sont dus à de tels
» corps ou à de telles personnes, mais de
» s'exprimer avec retenue et honnêteté ».

Je n'entrerai pas, Monseigneur, dans
des détails sur le régime, la police, les

comités et les commissions de la diète ; je craindrois d'être trop long. Je n'aurai point l'honneur de vous parler de sa manière de délibérer, de traiter les affaires et de faire des lois. Je vous invite, Monseigneur, à méditer l'ordonnance dont je viens de mettre sous vos yeux un important article, et de rechercher les raisons qui ont dicté les sages établissemens que vous lirez. Plus vous étudierez les lois fondamentales de la Suède, plus vous serez pénétré de respect pour le sens auguste et profond qui les a inspirées. C'est le chef-d'œuvre de la législation moderne; et les législateurs les plus célèbres de l'antiquité ne désavoueroient pas cette constitution, où les droits de l'humanité et de l'égalité sont beaucoup plus respectés qu'on n'auroit dû l'espérer dans les temps malheureux où nous vivons. Dans cette législation tout concourt ordinairement au même but, tout s'y soutient et s'y étaye mutuellement. Toutes les autorités ont leurs bornes qui les séparent, et jamais elles ne peuvent se nuire. Tout contribue à rendre la loi supérieure aux magitrats, en même temps qu'elle les arme d'une force assez considérable pour faire obéir des citoyens libres. Cependant aucun ouvrage des hommes n'est parfait ; vous trouverez dans les lois suédoises quelques articles que vous voudriez en retrancher, et que l'expérience et le temps feront changer.

Admirez, Monseigneur, comment les Suédois ayant compris, au milieu des vices dont l'Europe entière est infectée, que les bonnes mœurs sont la seule base inébranlable des lois, cherchent à faire estimer la modestie, le travail, la simplicité et la frugalité. Ils ont pris des précautions contre la pompe, le luxe, le faste et les intempérances naturelles des princes et des magistrats; ils savent que la corruption des chefs se communique promptement au dernier ordre des citoyens. Vous lirez dans les lois suédoises ces paroles remarquables : *La pompe et la représentation ordonnées à l'occasion de certaines solemnités, plus pour la dignité du royaume que pour la personne qui représente, plus par rapport aux étrangers, que pour les sujets, ont été jusqu'ici un abus introduit par l'orgueil et la politique, afin d'inspirer plus de respect et de crainte*, *d'abord pour la personne du roi, ensuite pour ses volontés. Par ce moyen, les sujets ont contracté un génie servile, et se sont accoutumés au joug.* Vous lirez encore, Monseigneur, ces paroles que vous ne devez jamais oublier: *que les rois n'ont aucun droit d'enfreindre et de violer les droits des sujets, qu'ils ne sont pas faits d'une autre matière que le reste des hommes, qu'ils leur sont égaux en foiblesse dès leur entrée dans ce monde, égaux en infirmités pendant tout le cours de leur vie, égaux à l'égard du sort commun des mortels, vils comme eux devant Dieu au jour du jugement, condamnables tout comme eux pour leurs vices et pour leurs crimes ; que le choix du peuple est la base de leur grandeur, et un moyen nécessaire pour leur conservation ; qu'en un mot l'être suprême n'a point créé le genre humain pour le plaisir particulier de quelques douzaines de familles.*

Vous verrez que la Suède veut *que ses princes soient élevés dans la pratique des vertus qui ornent l'homme, et que la religion, la morale et l'histoire nous commandent.* Elle se charge elle-même de leur éducation, et nomme les personnes qui doivent la conduire et la diriger. *Qu'on éloigne les princes*, dit la loi, *des écueils dangereux pour la vertu, et qui ne sont que trop communs à la cour; qu'ils soient entretenus médiocrement en habit et en nourriture, afin que leur propre économie serve d'exemple aux sujets, ce qui est une chose très-utile chez une nation qui est pauvre, mais libre.* Puissent les Suédois être toujours fiers de cette pauvreté qui est l'ame de leur liberté : puissent-ils toujours mépriser les richesses que convoitent les autres puissances! Que les diètes n'oublient jamais que l'avarice ne rend point les peuples heureux, et que le bonheur n'est point une denrée qui s'achète à prix d'argent. Qu'elles aient une attention extrême à prévenir et réprimer les moindres abus; ils entraîneroient à leur suite les plus grands malheurs. Qu'elles cherchent un autre ressort que l'argent pour remuer et faire agir les citoyens. Plus les fortunes se rapprocheront de l'égalité, plus il y aura de vertus dans la république; et l'égalité sera plus agréable à mesure qu'on trouvera plus de moyens pour rendre les richesses moins nécessaires. Que les Suédois, sachant combien les lois somptuaires leur sont nécessaires, parviennent à les aimer, et se glorifient de n'avoir pas ces besoins ridicules qui nous avilissent. *Que les princes,* continue la loi, *fassent souvent des voyages à la campagne, qu'ils entrent dans les cabanes des paysans pour voir par eux-mêmes la situation des pauvres, et que par-là ils apprennent à se persuader que le peuple n'est pas riche, quoique l'abondance règne à la cour, et que les dépenses superflues de celle-ci diminuent les biens et augmentent la misère du pauvre paysan et de ses enfans affamés.* Ce n'est pas moi, Monseigneur, qui vous tiens ce langage, c'est une nation entière, c'est un peuple des plus illustres de l'Europe, et aujourd'hui le plus sage. Je voudrois que les paroles que je viens de vous rapporter, eussent excité dans votre cœur une sorte de frémissement et d'attendrissement.

Plus vous approfondirez la constitution suédoise, plus vous serez convaincu que la justice de ses loix attache tous les citoyens à la patrie. La noblesse, par-tout ailleurs si impérieuse, et qui regarde comme une de ses prérogatives, de mépriser les autres ordres, de les gouverner et de s'en faire haïr, a cru, en Suède, que l'esprit de servitude ou de tyrannie est la plus grande des dérogeances, et que sa grandeur consiste à être à la tête d'une nation libre, où le dernier des citoyens sait qu'il est homme. Que cette noblesse seroit grande, si elle pouvoit renoncer à quelques prérogatives particulières que les autres ordres ne partagent pas avec elle! Peut-être que ces prérogatives l'inclinent malgré elle vers l'aristocratie; peut-être que ces distinctions dérangeront un jour les principes du gouvernement en troublant l'harmonie qui doit régner entre les quatre ordres. Les vertus et les talens de cette noblesse se développeroient sans doute avec plus d'éclat, si elle craignoit la concurrence des autres ordres, et étoit obligée de faire des efforts pour obtenir à force de mérite des dignités qui lui seroient disputées. Il est du moins certain que la république romaine dut beaucoup de grands hommes à la loi qui permit aux plébéïens d'aspirer aux magistratures curules.

Le clergé, autrefois tyran, a appris des lois politiques ce qu'il lisoit inutilement dans l'évangile, que son royaume n'est point de ce monde. Il a renoncé à ces prétentions qui l'avoient rendu odieux, qui sont contraires au droit des nations, et qui ne tendent qu'à établir le despotisme sacerdotal, en substituant la superstition au véritable esprit de la religion. Il aime la patrie qu'il vexoit, parce qu'il est devenu citoyen. L'ordre des bourgeois et celui des paysans jouissent dans les diètes des droits de la législation, et leur autorité rend les lois presque aussi impartiales qu'elles peuvent l'être dans un pays où les préjugés ont établi plusieurs classes d'hommes ; l'égalité n'est pas établie, mais l'oppression est bannie. Ils obéissent avec plaisir à la loi ; ils la chérissent, parce qu'ils ont contribué à la porter, qu'elle est leur ouvrage ; qu'elle les protège et assure leur état.

Tout n'a pas été fait par les grands hommes qui réformèrent le gouvernement à la mort de Charles XII. Soit qu'ils ayent été arrêtés dans leur entreprise par quelqu'un de ces préjugés que le législateur n'est que trop souvent obligé de respecter ; soit que le moment de la révolution arrivât avant qu'ils eussent arrangé tout leur système politique, ils négligèrent quelques parties de l'administration, ne portèrent point toutes les lois nécessaires pour affermir le gouvernement, et se contentèrent de rendre la nation libre, espérant que sa liberté et son amour de la patrie lui dicteroient toutes les lois dont elle auroit besoin.

C'est de-là qu'est née, en Suède, une certaine incertitude sur son sort. On a douté, pendant quelque tems, si elle retourneroit à ses anciennes lois, ou si elle s'attacheroit plus fortement aux nouvelles.

Quelque vertueuse que fût la princesse Ulrique, elle n'étoit pas assez éclairée sur ses vrais intérêts pour préférer la liberté des Suédois au pouvoir dont son père et son frère avoient joui. Son mari, associé au trône, étoit né en Allemagne ; il avoit été accoutumé dans la Hesse au pouvoir le plus absolu; il avoit par lui-même une grande fortune; il regardoit comme une injustice criante que les Suédois ne lui eussent pas du moins accordé le même pouvoir que les Anglais ont abandonné à leur roi; et il désiroit cette autorité, sans se douter que, placé sur le trône d'Angleterre, il n'auroit pas été content de son sort. Assez riche pour se faire des amis et des créatures aux dépens de la patrie, il a retardé les progrès du gouvernement. Mais que peut désormais produire une ambition qui se consumeroit en regrets, et qui n'a aucuns moyens de se satisfaire?

Le roi de Suède ne peut corrompre ses sujets, ni par des bienfaits, ni par l'espérance, ni par la crainte. La nation doit tous les jours augmenter son crédit, parce qu'elle dispose de toutes les graces. Le prince, au contraire, doit perdre tous les jours les partisans que l'habitude de la cour lui avoit attachés. Il est vrai qu'il s'est formé, il y a quelques années, une conjuration en faveur de la puissance royale; mais ce sera vraisemblablement la dernière. Quels en ont été les auteurs ? Des hommes obscurs et vils qui n'ont, pour ainsi dire, point de patrie. A l'exception des comtes de Brahé et de Hard, et du baron de Horn, maréchal de la cour, les conjurés n'étoient que des soldats de la garde, des matelots et quelques artisans. Quand cette poignée d'esclaves révoltés auroit intimidé le sénat, et remis au roi l'autorité souveraine, la nation se seroit-elle crue vaincue et subjuguée ? Ne lui restoit-il pas mille ressources pour reprendre le pouvoir dont on auroit voulu la dépouiller ? Une conjuration qui échoue, est une faveur de la fortune ; elle rend un peuple plus attentif à sa liberté, et l'empêche de tomber dans une sorte de nonchalance qu'inspire quelquefois une trop grande sécurité, et contre laquelle les Suédois, dit-on, ne sont pas assez précautionnés. Bientôt la famille royale, prenant les mœurs de sa nouvelle patrie, jugera de la royauté par les principes suédois, et non par les préjugés répandus en Europe. Ces princes mettront leur gloire à être les ministres et les premiers magistrats d'une nation libre. Ils comprendront que qui veut être vertueux, n'a pas besoin d'une autorité plus étendue, et qu'il vaut mieux être gouverné par sa nation que par quelques favoris comme un despote. Rentrez en vous-même, Monseigneur, sondez les replis de votre cœur, et si vous desirez d'être tout-puissant, vous verrez que ce n'est que pour satisfaire quelque passion injuste.

Vous penserez peut-être, Monseigneur, que la royauté est une pièce tout-à-fait hors d'œuvre dans le gouvernement de Suède, et que l'estampille de cuivre dont j'ai dejà eu l'honneur de vous parler, pourroit fort bien toute seule servir de roi. Vous en conclurez peut-être que la nation ne devroit être gouvernée que par des sénateurs. Mais je vous prie de faire attention qu'un roi, même héréditaire, ne peut donner presque aucune crainte aux Suédois; vous avez déjà vu combien ils ont pris de mesures pour qu'il ne puisse faire violence aux lois, et s'emparer de la législation. En second lieu, la royauté héréditaire est même un avantage pour la nation, car elle contribue à conserver l'égalité entre les familles nobles, et les tient dans la subordination. Si la couronne n'étoit pas héréditaire, on ne verroit, comme en Pologne, que des brigues, des factions, des partis continuels, et jamais elle ne seroit la récompense du mérite. Sans un roi, la noblesse voudroit infailliblement former une aristocratie, et du sein de ce gouvernement il s'élèveroit bientôt un tyran. Le gentilhomme le plus ambitieux, et qui auroit le plus de talens, trouvant toujours le trône rempli par un prince qui ne peut ni se faire craindre, ni se faire haïr, ne songera jamais à usurper sa place. En devenant sénateur, il devient, en quelque sorte, son égal; et son ambition se trouve rassasiée.

Dès que la Suède avoit admis des distinctions de rang, de grade et d'honneur entre les familles, il devenoit avantageux pour elle qu'il y eût une maison privilégiée qui portât la couronne. Je le répète : dans la constitution présente, un seigneur suédois ne peut point abuser de la faveur de ses citoyens, ou de la considération due à ses services, pour devenir un Sylla ou un César. Dès que l'ambition des particuliers est réprimée, le corps même entier de la noblesse doit être plus porté à la modération, et moins tenté de profiter de ses prérogatives particulières pour les accroître et faire des lois partiales. Vous voyez par-là, Monseigneur, qu'un roi de Suède est lui-même un obstacle à la tyrannie par laquelle la plupart des républiques ont été détruites. Ne craignez point l'hérédité, puisqu'après le règne le plus long, un prince, dont il est aisé d'éclairer les démarches, de pénétrer les vues et d'arrêter les projets, ne laissera point à son successeur une plus grande autorité que celle qu'il avoit reçue. La Suède ne craint ni les inconvéniens des minorités, ni l'incapacité du prince. Il n'imprimera point son caractère au gouvernement ; et l'inaction d'une vieillesse languissante ne fera point languir l'état. Un roi qui ne peut rien par lui-même, peut être méchant, foible ou sans caractère ; ses sujets ne seront pas les victimes de ses vices.

Je ne dissimulerai pas quelques reproches qu'on peut faire au gouvernement de Suède ; il n'est pas inutile, Monseigneur, que vous en soyez instruit. On blâme, peut-être avec raison, la prérogative accordée au roi de faire à son gré des comtes et des barons. Ces dignités ne confèrent aucune autorité réelle ; ce n'est qu'une décoration dans l'ordre de la noblesse ; mais, puisque cette décoration flatte la vanité, elle peut devenir un moyen de corrompre ; pourquoi donc n'en fait-on pas un moyen pour encourager le mérite ? Je puis dire la même chose de ces différens ordres de chevalerie dont le roi distribue les marques sans consulter la diète ou le sénat. Cette institution n'est point analogue à l'esprit d'une république. La récompense d'un homme libre doit être une magistrature ; et dans un état libre, les récompenses ne doivent être données que par le public, si on veut que le public soit considéré.

Un reproche plus grave qu'on peut faire au gouvernement de Suède, c'est l'autorité à vie qui est donnée aux sénateurs. Les magistratures à vie s'exercent toujours avec une sorte de nonchalance peu favorable au bien public, et ne donnent que trop souvent, à ceux qui les possèdent, un orgueil qui choque la liberté publique. Je crois avoir remarqué, dans l'histoire, que des magistrats qui ne rentrent plus dans l'ordre des simples citoyens, sont tentés de se croire les maîtres des lois dont ils ne sont que les ministres. Ils ne les violeront pas peut-être avec assez d'impudence pour mériter d'être punis d'une manière exemplaire ; mais le mal, alors sans remède, n'en sera que plus dangereux. Il s'établira, dans le corps de la magistrature, une fausse politique et une corruption sourde, qui peu à peu dérangeront tous les principes du gouvernement. A mesure que les lois s'affoibliront, les passions acquerront plus de force ; elles se montreront enfin avec audace, et les magistrats subjugueront sans peine des citoyens qu'ils auront corrompus.

Les Suédois l'éprouvèrent dans le dernier siècle; c'est parce que le sénat s'étoit relâché dans ses devoirs, et fait craindre par sa hauteur et quelques injustices, qu'ils conférèrent à Charles XI un pouvoir absolu. Au lieu de faire des sénateurs à vie, ne seroit-il pas avantageux qu'à chaque diète ordinaire, un certain nombre de nouveaux sénateurs remplaçât les plus anciens, qui rentreroient dans l'ordre des simples citoyens, en espérant d'être élevés une seconde fois à la même dignité ? Par cet arrangement, le sénat, si je ne me trompe, seroit un dépositaire plus fidelle des lois, et n'auroit qu'un même intérêt avec la nation.

Si la Suède n'a pas fait les progrès qu'on devoit en attendre ; si les lois ont de la peine à prendre une certaine consistance ; si une diète détruit souvent ce que la diète précédente avoit établi, c'est vraisemblablement la magistrature perpétuelle des sénateurs qu'il en faut accuser. Pour entrer dans ce sénat, où il y a si rarement des places vacantes, les ambitieux et les intrigans doivent former des cabales continuelles. Ce sont eux, sans doute, qui ont fait statuer par la diète de 1739, que, pour dépouiller un sénateur de sa dignité, il suffiroit, sans lui faire son procès dans les règles, de lui déclarer simplement que la nation ne peut lui accorder plus longtemps sa confiance. Il est dangereux, je crois, que des hommes chargés de toutes les parties de l'administration, dépendent d'un caprice ou d'une intrigue. Il me semble que la puissance exécutrice ne doit pas être moins solidement affermie que la puissance législative; si l'une chancelle, l'autre doit perdre de son crédit. Je vous prie d'examiner, Monseigneur, s'il est possible de remédier à ce mal, sans limiter le temps de la magistrature des sénateurs. Je suis persuadé que les diètes seroient moins agitées, et le gouvernement plus affermi, si on ne vouloit perdre personne; et que ces deux partis de *chapeaux* et de *bonnets* qui divisent la république, se rapprocheroient insensiblement.

Il y a encore une autre cause de l'instabilité qu'on remarque dans les principes et la conduite des diètes; c'est qu'elles n'ont point voulu se borner à n'exercer que l'autorité qui leur appartient. Au lieu de ne faire que des lois générales, elles entrent dans des affaires particulières qui doivent être abandonnées à la puissance exécutrice. Je crois que vous avez vu, Monseigneur, dans tout cet ouvrage, que les législateurs et les magistrats ne peuvent se confondre et empiéter sur les droits les uns des autres, sans affoiblir réciproquement leur autorité, et préparer, par conséquent, de grands maux aux citoyens.

Les Suédois fiers, libres, courageux et faits pour la guerre, doivent se précautionner contre leur génie militaire. En faisant tout ce qui est nécessaire pour ne pas craindre leurs voisins, ils doivent ne jamais songer à faire des conquêtes. On lit, avec plaisir, dans l'instruction que les états ont faite, en 1756, pour l'éducation des princes, que *chez un prince souverain, le désir de faire des conquêtes passe pour une vertu; mais que ce n'en est point une chez une nation libre; car les conquêtes inutiles s'accordent moins avec les principes d'un gouvernement libre qu'avec ceux de la souveraineté.* Si les Suédois veulent affermir leur liberté et perpétuer leur bonheur, ils donneront à leurs milices la forme, les mœurs et la discipline que doivent avoir les troupes d'un état libre. La défense de la patrie sera confiée aux citoyens, et non pas à des soldats mercenaires; ils apprendront qu'il n'y a point de conquête utile; ils se renfermeront dans leurs provinces qu'ils peuvent aisément rendre impénétrables aux armes des étrangers; ils penseront que la Poméranie peut devenir pour eux, ce que la possession des Pays-Bas et de l'Italie a été pour l'Espagne, c'est-à-dire, une source d'ambition, de querelles et d'inconvéniens. Puissent les Suédois respecter toujours, dans leurs voisins, les droits de l'humanité, comme ils les respectent entre eux; et ne chercher le bonheur qu'en se conformant aux vœux de la nature sur la prospérité des états!

# TROISIEME PARTIE.

## CHAPITRE PREMIER.

*Des causes générales qui entretiennent les gouvernemens dans leurs vices, et s'opposent à une réforme.*

Dans l'ingénieuse satyre que Xénophon a faite du gouvernement de sa patrie, il avertit les frondeurs de son temps de ne pas blâmer légèrement les Athéniens, s'ils aiment mieux donner leur confiance à des hommes obscurs et décriés, qu'à des citoyens distingués par leur mérite. Il fait voir que ce qu'on seroit d'abord tenté de prendre pour une sottise, est le fruit d'une politique rafinée. Il est vrai, dit-il, que la multitude, en liant les mains aux magistrats, et se jouant de leurs sentences et de leurs décrets, rend leur ministère et les lois inutiles ; mais, sans cet art, que deviendroit l'empire souverain qu'elle affecte dans la république? que deviendroit cette licence qui lui est plus chère que tout le reste? Pour conserver la démocratie dans toute sa perfection, il est prudent d'aimer le désordre, et de ne pas réprimer l'insolence des affranchis et de la canaille. N'est-ce pas, ajoute-t-il, une grande et rare sagesse, de la part de la multitude, de savoir s'amuser des mauvaises déclamations de quelques criailleurs, pour empêcher les honnêtes gens de s'emparer de la tribune aux harangues, et se mettre à la tête du gouvernement?

Il y a peu de peuples qui n'aient mérité les mêmes éloges qu'Athènes; et, en se servant aujourd'hui de l'ironie de Xénophon, ne pourroit-on pas faire une apologie assez plaisante de la politique admirable de plusieurs états de l'Europe? Gardez-vous, dirois-je, de désapprouver tel établissement, telle coutume, telle loi; une profonde sagesse est cachée sous je ne sais quelle apparence de folie qui révolte au premier coup d'œil. Cette sottise, si vous y réfléchissez bien, n'est pas aussi sotte que vous le pensez d'abord ; une partie de l'état s'en trouve, il est vrai, assez mal; mais voyez l'avantage que l'autre en retire. Voyez ce prince, ce ministre, ce grand, cet intrigant : n'est-il pas heureux aux dépens du public? et de combien d'adresse n'a-t-il pas besoin pour réussir?

Je me rappelle à ce propos, Monseigneur, qu'un bon espagnol, qui ne connoissoit guère comment le monde est gouverné, fut fort scandalisé en apprenant qu'un de ses anciens amis, ministre de votre aïeul, sacrifioit le royaume à ses fantaisies. Il crut devoir des représentations à sa patrie et à son ami; il quitte sa retraite, vient à la cour, et ne doute point que les affaires ne prennent une face nouvelle, dès qu'il aura prouvé à son ami qu'il perdoit l'Espagne. On écoute l'homme de bien avec une bonté mêlée de dédain ; et Patigno, aussi habile que la multitude d'Athènes, pria son ami, en souriant, de ne se point inquiéter, et l'assura que l'Espagne dureroit plus long-temps que lui. Sa politique profonde avoit tout calculé ; en effet, l'Espagne subsiste encore, et Patigno est mort depuis long-temps. Graces aux excellens arrangemens que les hommes ont pris pour se rendre heureux, le monde ne doit être plein que de Patignos; et quand chacun n'obéit qu'à son intérét particulier, que peut-on espérer de ces lois sans nombre, dont on accable les états ? En verra-t-on résulter le bien public ?

Vous avez sans doute remarqué, Monseigneur, dans le cours de vos études, que tous les peuples ont été agités par de longues dissentions domestiques, avant que de pouvoir fixer les principes de leur gouvernement. On sent les inconvéniens d'une mauvaise législation ; personne ne veut être opprimé; tout le monde veut être oppresseur : l'autorité souveraine est comme suspendue entre le prince, les magistrats et les différens ordres des citoyens, et chacun fait ses efforts pour s'en rendre le maitre et en abuser. Tant que les états sont dans cette fermentation, combien de causes à la fois ne s'opposent-elles pas à une réforme avantageuse ? Les passions dictent alors les lois qui devroient être l'ouvrage de la raison : aussi le monde entier offre-t-il bien peu de ces gouvernemens heureux, où, par le partage et la distribution du pouvoir en différentes branches, les intérêts des citoyens sont conciliés et unis. Bien loin de se rapprocher de ces vérités fondamentales, dont j'ai eu l'honneur de vous entretenir dans la première partie de cet ouvrage, on se précipite dans des excès; et, comme si la liberté étoit ennemie de l'ordre, jamais le commandement n'est trop dur, ni l'obéissance trop servile.

Les hommes, lassés de leurs dissentions, s'accoutument-ils enfin au gouvernement qui les a subjugués; vous les verrez moins disposés que jamais à se corriger de leurs vices. L'habitude du mal les a, pour ainsi dire, engourdis. Dès qu'ils cesseront de se plaindre, ils cesseront de penser. Il va s'établir un préjugé national qui passera bientôt pour une vérité constante. On publiera, comme autant de principes incontestables, les absurdités les plus ridicules; les pères en instruiront leurs enfans. C'est ainsi que les nations de l'Asie, traitées à la fin comme de vils troupeaux, sont tombées peu à peu dans des erreurs si grossières, et dans un abrutissement si profond, qu'elles aiment leurs vices et craindroient de les perdre.

Je n'exagère rien, Monseigneur; car vous vous rappelez sans doute ce roi des Indes qui prit les Hollandais pour des insensés, quand ils lui dirent qu'ils n'avoient point de roi, et qu'ils se gouvernoient par des lois qu'ils faisoient eux-mêmes dans des assemblées qui représentoient la nation entière. Il éclatoit de rire au récit des états-généraux, des états particuliers, des prérogatives de la noblesse, des privilèges des villes, etc. C'étoit de la meilleure foi du monde qu'il admiroit avec ses ministres et ses courtisans, que des hommes attaqués d'un vertige aussi terrible que celui que les Hollandais appeloient liberté, pussent subsister pendant huit jours, sans bouleverser l'état et le détruire. Pourquoi seriez-vous surpris qu'un prince gâté par les bassesses de sa cour, et enivré des vapeurs du despotisme, crût sérieusement qu'il est un grand homme, qu'il est digne de commander, et qu'il importe au bien de ses états que ses fantaisies soient autant de lois sacrées, puisque les sujets eux-mêmes sont des esclaves assez familiarisés avec la servitude pour le penser ?

Sans aller jusqu'aux grandes Indes, demandez à ce turc quelle est la meilleure forme de gouvernement ? Il vous répondra, sans hésiter, que c'est la monarchie la plus absolue et la plus arbitraire. Pourquoi ? C'est, vous dira-t-il, que les hommes sont faits pour aimer la paix, qu'ils ne se sont mis en société que pour en jouir, et qu'ils ne peuvent être parfaitement tranquilles que sous ce gouvernement. Selon lui, ce qu'il a entendu appeler la liberté par quelques commerçans chrétiens, rend les esprits trop inquiets, trop intraitables et trop farouches. Comment ne la craindroit-il pas ? Comment ne la confondroit-il pas avec la discorde et la guerre civile, puisqu'il a été consterné au seul récit que quelques anglais lui ont fait des débats quelquefois un peu bruyans du parlement ?

Si ce turc a quelque connoissance, car tous ne sont pas ignorans, pressez-le par quelque raisonnement ; montrez-lui par quelle cause le despotisme produit beaucoup de mal, et il croira vous avoir répondu, en vous rapportant d'un air effrayé, les désordres arrivés dans vingt mauvaises républiques où la liberté étoit dégénérée en anarchie. Sous un gouvernement libre, poursuivra-t-il, le bien ne peut se faire que par le concours de plusieurs personnes qui, conduites par des intérêts différens, ne se proposeront jamais le même objet. Ce turc qui ne sent en lui, ni amour de la patrie, ni amour de la justice, ni amour de la gloire, ne voit pas que ces trois sentimens serviront de lien entre les citoyens, si des lois justes ont établi une liberté sur un fondement solide. Dans le despotisme, tout, ajoutera-t-il, dépend d'une seule volonté. Que le prince ordonne, qu'il parle, qu'il fasse un signe, et le bien est fait. Le pauvre turc ne s'apperçoit pas que son sultan a quelquefois dix, vingt, trente, cent volontés, et ne veut rien à force de tout vouloir. Il ne conçoit pas qu'il est infiniment plus difficile de réunir en un seul homme les vertus et les talens nécessaires pour bien gouverner un état, que d'inspirer à une assemblée aussi nombreuse que le parlement d'Angleterre ou la diète de Suède, l'envie de faire le bien et les moyens de l'exécuter. Il ne comprendra jamais que de cinquante princes qui naîtront dans le sérail, quarante-neuf sont destinés à ne faire que des hommes ordinaires; que leur éducation rabaissera leur esprit et leur cœur; et qu'enfin l'exercice du souverain pouvoir corrompra encore le prince privilégié que la nature avoit doué de quelques talens. Ce malheureux turc ne devine point pourquoi ce sultan qui a une raison moins exercée par la contradiction, et cependant des passions plus libres que les autres hommes, jugera du bonheur public par son bonheur particulier; ou pourquoi il croiroit avoir quelque chose à désirer comme prince, quand ses besoins, comme homme, sont satisfaits, ou plutôt rassasiés. Cette manière de penser est si profondément gravée dans l'esprit des Turcs, que dans le moment même, où, las de souffrir, ils sont assez audacieux pour déposer le grand-seigneur ou étrangler son visir, ils n'imaginent point de profiter de leur avantage, et d'arranger de telle sorte le gouvernement, que le nouveau sultan et son ministre ne puissent plus commettre les mêmes injustices et les mêmes violences : par une espèce de prodige, ils associent ainsi l'amour de la tyrannie et la haine du tyran.

Il ne faut pas penser que ce ne soit que dans le despotisme seul qui énerve les ames, lorsqu'il est porté à son dernier terme, qu'on trouve des obstacles insurmontables à la réforme du gouvernement et des lois. L'histoire ancienne et moderne n'est pleine, Monseigneur, que des tentatives inutiles que les peuples ont faites pour corriger un gouvernement dont les abus étoient intolérables : ne soyez pas étonné de les voir retomber dans l'abîme dont ils essayent de sortir. Quand on murmure, quand on s'irrite contre les injustices les plus cruelles, on aime encore, par habitude et sans qu'on s'en apperçoive, le principe qui les produit. Examinez ces plébéïens de Rome qui se retirent sur le Mont-Sacré. Quelles plaintes n'avoient-ils pas à faire contre l'avarice, l'ambition et la dureté des patriciens ? Cependant ils respectent encore les prérogatives d'une grande naissance ; ils ne veulent point être les égaux de ceux dont ils ont été les cliens, et ils ne demandent qu'à n'être pas opprimés. Ils laissent au sénat tout le pouvoir d'une aristocratie ; et s'ils avoient pu prévoir que leurs magistrats leur feroient enfin accorder cette autorité qui fit la grandeur de la république, jamais ils n'auroient osé aspirer à avoir des tribuns, ou ils auroient cru détruire tous les fondemens de la sûreté publique.

Au milieu des plus grands emportemens et des agitations mêmes de la guerre civile, vous verrez toujours, si je puis parler ainsi, surnager les préjugés nationaux. Vous trouverez dans un peuple qui se révolte, et qui semble avoir pris de nouvelles mœurs, le caractère que lui a donné son ancien gouvernement. Je pourrois vous citer cent exemples, et je me borne à vous rappeler ce que vous avez vu dans les Provinces-Unies, quand elles secouèrent le joug de Philipe II. Elles n'établirent une république que par désespoir, et parce que personne ne voulut être leur maître. Qui ne croiroit pas que, sous Charles I<sup>er</sup>., les Anglais aspirent à un gouvernement populaire ? La royauté et les prérogatives des grands paroissent leur être également odieuses. Ce ne sont point là leurs véritables sentimens ; laissez à leur colère le temps de se calmer, et ils reprendront leur gouvernement, leurs lois, leurs mœurs et leurs préjugés. Dans le moment que les Corses ne peuvent plus supporter la domination des Génois, ils se soulèvent comme des hommes accoutumés à obéir, et sont long-temps à imaginer qu'ils puissent être libres. Je me rappelle, Monseigneur, un fait bien propre à prouver ce que j'ai l'honneur de vous dire. Les esclaves des Scythes, si je ne me trompe, se révoltent, et leurs maîtres, en paroissant l'épée à la main pour les combattre, leur auroient donné assez de courage pour se défendre; mais ils ne viennent qu'armés du fouet avec lequel ils avoient coutume de les châtier, et ces esclaves consternés fuient et se dissipent.

Pourquoi les hommes tiennent-ils si fortement à leurs premiers préjugés et à leurs premières habitudes ? C'est que dans le point où l'on est quand on commence à s'agiter, on est toujours mal placé pour appercevoir le point où il faudroit arriver. Quelque vicieux que soit un gouvernement, chacun de nous est accoutumé à le craindre et à feindre de le respecter; et ce sentiment agit encore en nous, malgré nous, quand nous nous abandonnons à notre indignation. Le mépris, la colère et l'emportement sont des mouvemens toujours combattus par la crainte, la paresse et l'amour du repos, et par conséquent peu durables. Il est vrai qu'il n'y a point de vice dans la constitution et les lois d'un état, qui ne tienne un grand nombre de citoyens dans une situation pénible et gênée ; chacun de ces malheureux est intéressé à faire une révolution; il le désire, mais le desir n'est rien, et s'éteint promptement quand il n'est pas soutenu par l'espérance. Si un vice de la constitution offensoit également tous les citoyens, il seroit bientôt détruit. Mais remarquez, je vous prie, Monseigneur, que ce qui nuit aux uns, est favorable aux autres. Ceux qui profitent des abus, les protègent et les défendent; ainsi nous sommes condamnés à ne nous point corriger.

Il n'arrive jamais de révolution subite, parce que nous ne changeons point en un jour notre manière de voir, de sentir et de penser; et je vous prouverois cette vérité, si vous n'aviez pas été élevé par un philosophe profond qui vous a fait connoître la nature de notre entendement. Si un peuple paroît changer brusquement de mœurs, de génie et de lois, soyez sûr, Monseigneur, que cette révolution a été préparée, pendant long-temps, par une longue suite d'événemens et par une longue fermentation des passions. Ce n'est point l'injure faite à Lucrèce par le jeune Tarquin, qui donne aux Romains l'amour de la liberté. Ils étoient las depuis long-temps des tyrannies de son père; ils rougissoient de leur honte; ils s'indignoient d'être assez patiens pour la souffrir, la mesure étoit comblée. Sans Lucrèce et Tarquin, la tyrannie auroit été détruite, et un autre événement auroit amené la révolution.

Ce n'est point le génie de Gustave-Vasa qui établit un nouvel ordre de choses en Suède, et contraignit à changer de gouvernement et de religion. Il ne fit que profiter, en grand homme, des circonstances qu'un autre n'auroit peut-être pas vues, ou n'auroit pas saisies avec la même habileté. Quand il se réfugia chez les Dalécarliens, pour chercher des vengeurs à sa patrie, les Suédois, également las d'une liberté, dont ils avoient voulu inutilement jouir, et des violences atroces qu'ils avoient souffertes, sentirent enfin la nécessité de changer leur administration ; et depuis le massacre de Stockholm, où l'on avoit vu périr les chefs des principales maisons, il n'y avoit plus, entre les grands, cette haine et cette rivalité qui empêchoient d'affermir le trône, et ouvroient le pays aux Danois. Gustave parut, dans ces circonstances, comme l'ange tutélaire de ses concitoyens. Par-tout ses armes sont victorieuses, ses intérêts deviennent ceux de la nation entière ; et au lieu de rien exiger de sa reconnoissance, il semble se refuser à son empressement. On ne craint point d'avoir pour roi un homme qui n'avoit combattu que pour la liberté; et plus on affermit la grandeur de sa maison, plus on croit assurer le bonheur public. Cependant il n'auroit pas détruit la tyrannie du clergé; et la Suède, toujours déchirée par l'ambition des évêques, auroit eu, dans son sein, des amis, des partisans et des alliés puissans des Danois, si les nouvelles opinions de Luther n'y avoient fait des progrès considérables. Pour que Gustave pût faire cette révolution que nous admirons, il falloit qu'un moine d'Allemagne osât se soulever contre une puissance qui faisoit trembler les rois; et, en rendant le clergé odieux et méprisable, lui fit perdre la confiance des peuples qui faisoit toute sa force. Il falloit que la nouvelle doctrine fût portée en Suède, et y eût les mêmes succès qu'en Allemagne, pour pouvoir forcer les ecclésiastiques à être des citoyens tranquilles et soumis aux lois.

A tant de causes qui perpétuent les désordres des nations, se joint une sorte de vanité, une sorte d'amour-propre bizarre qui fait que les peuples s'applaudissent des vices mêmes de leur constitution. Ils veulent avoir des flatteurs, et je ne connois presque point d'états assez sages pour permettre de relever quelqu'une de leurs principales erreurs ; n'est-ce pas une preuve qu'ils y sont attachés, et craignent de se corriger ? Jamais un anglais ne conviendra que son gouvernement ne soit pas le plus parfait que les hommes aient imaginé. Plein de son idée d'équilibre entre le roi, la chambre haute et les communes, c'est en vain qu'il sent à tout moment que cet équilibre se perd, et que la balance penche trop d'un côté. Dans tous les écrits publics on déclame contre le pouvoir des ministres, contre leurs brigues, contre la corruption qu'ils établissent dans le parlement, et qui de là se répand dans toutes les provinces ; et cependant, au lieu de remonter à la cause de ce mal, on ne veut pas même convenir qu'il y en ait une ; on ne veut pas, par orgueil, avouer qu'il manque quelque chose à la liberté. Les Anglais aiment mieux s'exposer à la perdre que de croire qu'elle est mal affermie.

On vient de voir un exemple singulier

de cette bizarrerie. Georges II avoit prodigué la pairie pendant son règne ; et cet abus a paru si considérable, qu'il a été question, il n'y a que quelques mois, de supprimer plusieurs titres accordés à des hommes qui avoient prostitué leurs talens à la faveur. On a consulté les jurisconsultes sur cette opération ; et, s'il en faut croire les papiers publics, ils ont répondu qu'elle ne pouvoit se faire sans porter atteinte à la prérogative royale et déranger la forme du gouvernement. Sur le champ les plaintes ont cessé, et on a vu, sans scandale, les pairs de Georges II revêtus de leur dignité ; on a découvert un vice, et parce qu'il tient à la constitution de l'état, on l'a respecté.

Permettez-moi, Monseigneur, de faire quelques réflexions sur cet événement. Si les jurisconsultes d'Angleterre n'avoient pas été aussi routiniers que ceux des autres pays, il me semble qu'ils auroient dû répondre qu'il n'est jamais permis de détruire ou de déclarer nul ce qui a été fait en vertu d'un droit accordé par les lois. Ils devoient ajouter que, donner à une réforme un effet rétroactif, c'est ébranler la confiance que le citoyen doit avoir au gouvernement ; c'est rendre sa fortune et son état douteux ; c'est lui donner des alarmes inutiles, ou des espérances trompeuses. Le pire en effet de tous les abus dans la société, c'est de les réformer sans règle, et cent expériences ont démontré la vérité de cette maxime. On verroit bientôt succéder un pouvoir arbitraire au pouvoir des lois anéanties. Combien de fois déjà, et dans combien de nations des intrigans ambitieux n'ont-ils pas introduit de grands abus, sous prétexte d'en corriger de petits ? La nation, devoient dire les jurisconsultes d'Angleterre, ne peut, sans se faire tort à elle-même, refuser de reconnoître les pairs qui ont mérité la pairie par des moyens indignes, mais à qui elle a été conférée par une autorité légitime. Le mal, dont nous nous plaignons, est un châtiment que mérite notre imprudence à abandonner au roi une autorité dont il est impossible qu'il n'abuse pas. Il falloit ajouter : le bien public exige qu'on ne touche point à ce qui a été fait, et cependant qu'on empêche que ce qui a été fait ne se fasse encore. La prérogative royale doit être une source de bien; si elle produit le mal, qu'elle soit soumise à de nouvelles règles.

## CHAPITRE II.

*Réflexions sur les causes particulières qui empêchent que les états de l'Europe ne fassent une réforme avantageuse dans leur gouvernement et leurs lois.*

JE ne vous ai présenté jusqu'ici, Monseigneur, qu'une partie des obstacles qui s'opposent à la réforme des nations : si vous voulez les connoître tous, je vous prie d'examiner attentivement les mœurs, les lois, les coutumes et les usages de la plupart des états de l'Europe. Une des choses qui étonneroit davantage un ancien, s'il renaissoit parmi nous, ce seroit cette distribution des citoyens en différentes classes qui n'ont rien de commun entre elles, et dont les mœurs, les principes et les préjugés sont opposés. Par cette politique, nous avons donné des bornes étroites au génie. Un grec ou un romain étoit un grand homme d'état, parce qu'il embrassoit toutes les connoissances utiles à la république, et que ces connoissances se prêtent un secours mutuel. Nous ne devons produire que des hommes médiocres, parce que nous nous bornons à un seul objet. Qui n'étudie qu'une partie de l'état, ne la connoît qu'imparfaitement, parce qu'il ignore ses relations et ses rapports avec les autres parties.

Quoi qu'il en soit de nos talens, il résulte de notre arrangement que chaque citoyen, militaire, ecclésiastique, homme de loi, financier ou commerçant, s'habitue à ne considérer la société que par les intérêts particuliers de son ordre. Au lieu de lois générales et impartiales, chacun ne pense donc qu'à des lois particulières, partiales. Tant qu'on n'embrasse point le corps entier de la république, on ne corrige un abus que pour en faire naître un autre. Après les plus grands changemens, la réforme n'est pas même commencée, Peut-être n'avons-nous plus les mêmes défauts; mais le nombre de nos vices n'est point diminué.

Je crains presque, Monseigneur, que vous ne désespériez du salut de l'Europe en connoissant ses mœurs. Des millions d'artisans sont occupés à irriter nos passions, et à nous rendre nécessaires des choses que nous serions trop heureux de ne pas connoître. Nos provinces sont inondées des superfluités du reste de l'univers. L'oisiveté, le goût des arts inutiles et le luxe, nous ont jetés dans un engourdissement d'où il n'y a que l'amour des richesses qui puisse nous retirer. Si nous agissons, c'est pour être vils, bas, rampans et mercenaires. Honneur, vice, vertu, courage, lâcheté, tout se vend à prix d'argent. Cet esprit qui anime les particuliers, conduit les gouvernemens qui regardent l'or comme le nerf de la guerre et de la paix. A quels législateurs sommes-nous donc livrés !

Dans quelque mépris cependant que soit tombée la vertu, j'aime à croire, pour l'honneur de l'humanité, que nous ne sommes point encore parvenus à étouffer entièrement dans nos cœurs les qualités sociales que la nature y a placées. Les hommes aiment le bien par un instinct naturel, et ils le feroient, si les lois qui invitent au mal, ne les avoient jetés dans l'ignorance la plus profonde de leurs devoirs. Il est encore des ames pures et généreuses, n'en doutez pas, Monseigneur ; elles feroient le bien, si elles le connoissoient. Nous cherchons le bonheur ; mais nous le cherchons à tâtons. La doctrine que j'ai soumise à vos yeux, devroit être triviale ; mais les méchans ont condamné la vérité à se taire ; il leur est commode de se servir de notre ignorance pour nous tromper.

Que le droit naturel, sans lequel il n'y a ni saine morale, ni vraie politique, ne soit pas ignoré ; que les sociétés connoissent le bonheur auquel elles sont appelées par la nature ; que les principes fondamentaux sur ces matières soient communs ; et vous verrez prendre à l'Europe une face nouvelle. N'y a-t-il pas quelque apparence que des princes et des magistrats qui font le mal avec sécurité, en croyant faire le bien, changeroient de conduite, si la vérité parvenoit à les éclairer ? N'est-il pas vraisemblable que ceux qui ne travaillent qu'à satisfaire quelque passion déréglée, auroient quelque pudeur, et, en cherchant à déguiser leurs injustices, commenceroient à être moins méchans? Des citoyens instruits sont moins lâches que des citoyens ignorans; et on les ménage, parce qu'il faut les respecter. Dans les pays même les plus despotiques, où les sujets sont accablés par la crainte, l'opinion publique ne laisse pas de donner un frein aux passions. Il y a des caprices que le despote le plus absolu n'ose se permettre, et le grand-seigneur, dans la crainte d'exciter une sédition à Constantinople, daigne encore consulter et ne pas offenser les préjugés de ses sujets.

Pourquoi naitroit-il aujourd'hui dans la pensée des grands et des magistrats d'une aristocratie, de diminuer leurs droits et de ne se regarder que comme les administrateurs de l'état; tandis qu'ils seront persuadés, de la meilleure foi du monde, que la société est faite pour eux, et qu'ils sont destinés à être heureux aux dépens de leurs sujets? Tant que le peuple confondra la liberté et la licence, la subordination et la servitude; tant qu'il ignorera sa dignité, pourquoi désireroit-il d'obéir à des lois impartiales? Vous le verriez toujours dans un excès, ou travailler lui-même à ruiner les fondemens de sa liberté par l'audace de ses entreprises et de ses emportemens, ou voler au-devant du joug, et croire qu'il est d'une autre espèce que les grands. Pourquoi un prince qui ne connoît pas sa destination, au lieu de se soumettre aux règles difficiles de la justice, ne tenteroit-il pas de tout soumettre à sa volonté? Pourquoi ses courtisans cesseroient-ils de le tromper et d'abuser de ses passions pour régner à sa place, si ses sujets n'ont pas l'esprit de connoître et de désirer le bien, et qu'ils pensent, au contraire, qu'il leur importe qu'on les gouverne arbitrairement?

Je le répète encore, Monseigneur : que les différens ordres de la société soient instruits de leurs devoirs et de leurs droits; que les lumières se multiplient; et la justice et la vérité s'approcheront peu à peu des assemblées du peuple, du sénat, des grands et du palais des princes. Dans les anciennes républiques de la Grèce, combien de fois le peuple ne parut-il pas aussi juste et aussi sage que l'Aréopage même ? Parmi la noblesse, aujourd'hui la plus jalouse de ses prérogatives et de ses distinctions, et la moins occupée à les mériter, il se formera des Valérius Publicola, qui oseront avouer qu'ils ne sont qu'une partie de la société à laquelle ils sont d'autant plus redevables, qu'elle les honore davantage. Cette noblesse, si prompte à mépriser ses concitoyens, apprendra qu'elle sera plus grande et plus puissante, à mesure que le peuple, qui lui est inférieur, sera plus respecté. Il renaîtra des Théopompe. Ce roi de Sparte diminua lui-même son autorité, en étendant celle des éphores. J'affermis ma fortune, disoit-il à sa femme qui lui reprochoit de se dégrader ; tout pouvoir trop grand s'écroule sous son propre poids. Puisque je suis homme, ne dois-je pas me précautionner contre les foiblesses de l'humanité ? J'ennoblis ma dignité, en la soumettant aux règles de la justice. N'est-il pas plus beau de commander des hommes libres qui voleront avec confiance au-devant de moi, que des esclaves qui m'obéiront en tremblant ? C'est par-là que je multiplierai les forces de Sparte, et que je ferai respecter son nom et le mien dans toute la Grèce et chez les Barbares.

Je vous prie de remarquer, Monseigneur, que les mal-aises que nous éprouvons dans la société sont autant d'avertissemens qui nous instruisent de nos fautes et nous invitent à les réparer. Nous voudrions nous corriger ; mais notre ignorance perd tout, et nous n'avons qu'une inquiétude qui nous rend plus sensibles à nos maux. L'histoire est pleine des efforts que les peuples ont faits pour changer leur malheureuse situation ; mais ne sachant quelle route les conduiroit à un bien dont ils n'avoient que des idées vagues et confuses, ils n'ont pu avoir ni fermeté, ni constance, ni patience dans leurs entreprises : leur sort reste le même, et on ne voit aucune révolution. Combien de princes ont désiré sincèrement le bien de leurs sujets ? Ils avoient les talens nécessaires pour faire de grandes choses. Pourquoi leur règne a-t-il été perdu pour leurs états? C'est qu'ils n'étoient instruits ni de leurs devoirs, ni de la manière de les remplir.

En finissant ce chapitre, je vous rapporterai, Monseigneur, ce qui s'est passé en Russie sur la fin du dernier siècle; et cet exemple vous convaincra à la fois combien les lumières sont utiles, et l'ignorance pernicieuse.

Il n'y a que quatre-vingts ans que la Russie étoit encore plongée dans la plus profonde barbarie. La plupart des provinces de ce vaste empire étoient désertes, ou n'étoient habitées que par des hommes qui en méritoient à peine le nom. A la tête de la nation étoient deux hommes destinés à la rendre malheureuse. Un czar despote que ses stupides sujets regardoient comme une intelligence supérieure, et un patriarche qui parloit toujours au nom de Dieu et de saint-Nicolas, dont il n'avoit que des idées grossières et superstitieuses, se faisoient également respecter. Courbés sous le joug de ces deux maîtres, le clergé et la noblesse exerçoient sur les serfs de leurs domaines, la tyrannie rigoureuse

dont

dont sont capables les esclaves avares et insolens qui s'apperçoivent qu'ils peuvent être méchans avec impunité. Sans mœurs, sans lois, sans industrie, sans désir même d'un meilleur sort, la crainte et l'ignorance engourdissoient tous les esprits. Les Russes auroient à peine eu quelque sentiment de leur existence civile et politique si une milice indocile et mal disciplinée n'eût causé de fréquentes révolutions, et placé subitement sur le trône des princes qui avoient des caprices, des passions et des vices différens.

Cependant la fortune destinoit à régner sur ce peuple un prince d'une vaste conception, et dont la patience et la fermeté encore supérieures devoient vaincre tous les obstacles. Ce génie pouvoit être étouffé, et vraisemblablement il l'auroit été par l'ignorance stupide et les plaisirs grossiers qui l'entouroient de toutes parts, sans le secours d'un genevois qui alla chercher fortune à Moscow, et que le hasard fit pénétrer auprès du jeune monarque.

Le Fort, c'est le nom de ce genevois, étoit homme d'esprit, mais plein de préjugés, et accoutumé à voir, avec une sorte d'admiration superstitieuse, la politique de l'Europe et ses établissemens. Trouvant dans Pierre I<sup>er</sup>. une curiosité qui décéloit ses talens, il l'entretint des différens pays qu'il avoit parcourus. Il lui peignit des campagnes cultivées où l'industrie et le travail font régner l'abondance; des villes embellies par les arts qui les illustrent et les enrichissent ; un luxe commode et élégant qui annonce le goût recherché et délicat des sujets, la puissance du prince et les ressources de l'état. Il lui parle de la politique qui lie toutes les puissances de l'Europe par des négociations continuelles, qui remue toutes leurs passions, qui développe leurs talens, et qui, réparant la foiblesse des unes ou tempérant la force des autres, les tient toutes, malgré leur ambition, dans un équilibre qui fait leur sûreté. L'ame de Pierre se montre toute entière. Frappé des récits qu'il entend, et croyant connoître tout ce que la sagesse humaine peut produire de plus sublime, il brûle d'être compté au nombre des princes qui intriguent dans l'Europe, se flatte d'être bientôt assez adroit ou assez puissant pour les tromper ou les dominer, et s'enivre de la gloire dont il va se couvrir en nous imitant.

Le Fort détaille les avantages du commerce qui apporte en Europe les voluptés et les richesses des trois autres parties du monde, et qui est, dans chaque état, la source de ces revenus publics, sans lesquels la politique ne feroit que des efforts impuissans. Le genevois triomphe en rapportant tout ce que l'Angleterre et la Hollande doivent de gloire et de réputation à l'industrie de leurs commerçans, et se garde bien de prévoir quel sera le sort d'une puissance établie sur le fondement fragile des richesses. Il apprend à Pierre que les mers qui séparent les différens pays, et que les Russes regardoient comme les barrières de leur empire, ne servent qu'à rapprocher les nations. Il lui dit qu'un peuple qui cultive la navigation, et qui couvre la mer de ses vaisseaux, n'est plus renfermé dans les bornes étroites de ses domaines, que sa gloire s'étend dans tout l'univers, et qu'il rend tous les autres peuples tributaires de son industrie. S'il le veut, toutes les nations sont ses alliées ; il les châtie, si elles osent être ses ennemies, et en les bloquant dans leurs ports, les condamne à être prisonnières dans leurs terres. Le Fort ne manque pas de chatouiller la cupidité du jeune czar, en lui apprenant que les princes ne sont puissans qu'autant qu'ils sont riches. Il entre dans les détails des manœuvres subtiles et compliquées par lesquelles la plupart des états régissent leurs finances : il montre les avantages des banques qui multiplient les richesses par la confiance que donne le crédit ; mais il ne remarque pas qu'on est déjà bien loin de la fin qu'on se propose, quand un prince ne gouverne pas ses revenus par les moyens simples avec lesquels un père de famille administre les siens. Il ne voit pas que, puisque les richesses ne suffisent jamais et qu'il faut y suppléer par des banques, il seroit plus facile et plus sage à la politique, d'apprendre à s'en passer. Enfin le Fort parle de la discipline militaire qui, en rendant les soldats dociles et affectionnés au gouvernement, les prépare à la victoire, et sert l'ambition du prince.

Les discours du genevois furent un trait de lumière pour Pierre; il se sentit humilié de ne régner que sur un peuple abruti, qui pouvoit être puissant, et qui n'étoit compté pour rien dans le monde. Sur le champ il forma le projet de faire des Russes des hommes nouveaux, et ne fut lui-même occupé qu'à s'instruire des moyens par lesquels il pourroit produire ce grand changement.

On ne vous a pas laissé ignorer, Monseigneur, l'histoire d'un prince de nos jours, qui a été le créateur de sa nation; qui a fait paroître, dans ses états étonnés, les sciences et les arts; dont les vaisseaux ont couvert la Baltique, la mer Noire et la mer Caspienne; qui s'est fait, des plus lâches des hommes, des armées capables de triompher de Charles XII; qui a formé des ministres et des négociateurs, et dont la politique étoit également crainte et respectée dans l'Europe et dans l'Asie. Rien ne pouvoit modérer la passion qu'il avoit de s'instruire. Un trait seul peint la grandeur et la force de son caractère ; et on ne sauroit le mettre trop souvent sous les yeux des princes, qui, naturellement portés à croupir dans le faste, la mollesse et l'oisiveté des plaisirs et de l'ennui, croient que la gloire s'acquiert aussi aisément que le prétendent leurs flatteurs. Pierre comprit que des relations ne lui suffisoient pas ; il voulut tout voir par lui-même ; et pour se rendre digne du trône, il abdiqua en quelque sorte la royauté. Il va s'instruire dans les chantiers de Hollande, il y veut être charpentier pour apprendre la construction, comme il a voulu commencer par être matelot sur ses vaisseaux, et tambour dans ses troupes de terre, pour apprendre à devenir général. Par-tout il amasse des connoissances ; il voyage chez les nations les plus célèbres de l'Europe, l'Allemagne, l'Angleterre et la France. Par-tout il s'instruit des établissemens dont il pourra enrichir son pays. En ne voulant qu'imiter les autres princes, il corrige et perfectionne leurs institutions, il les surpasse tous, et leur offre un modèle qui ne peut être imité que par ceux qui auront l'ame aussi grande et aussi forte que lui.

On est justement étonné en voyant tout
ce que le czar a fait. Que d'obstacles n'a-
t-il pas fallu vaincre ? Quelles vues étendues
n'a-t-il pas fallu réunir ? Cependant, quand
la Russie prenoit une forme nouvelle, sous
ses mains créatrices, un second le Fort
n'auroit-il pas pu lui apprendre qu'il y a
une politique supérieure à celle qui enfan-
toit des prodiges à Pétersbourg ; et qu'en
faisant de grandes choses, il n'avoit fait
que des fautes ?

« Sire, auroit-il pu lui dire, vous avez
» acquis une gloire immortelle : les
» hommes, témoins de vos entreprises,
» ont de la peine à croire ce que vous
» avez exécuté. Vous égalez ces enfans des
» dieux, qui ont autrefois rassemblé les
» hommes errans dans les foréts, et bâti
» des cités. Vous ressemblez à ce Pro-
» méthée qui déroba le feu du ciel pour
» animer une argile grossière. Vous avez
» élevé un édifice immense ; mais per-
» mettez-moi de vous demander quels en
» sont les fondemens ? Peut-être les avez-
» vous négligés, pour ne vous occuper que

» de la décoration extérieure. Cette gran-
» deur magique, qui est votre ouvrage,
» disparoîtra peut-être avec vous. Peut-
» être, sire, qu'en vous admirant, la pos-
» térité vous reprochera de n'avoir pas
» affermi la fortune de votre empire; peut-
» être trouvera-t-elle, dans les principes
» mêmes de votre administration, les
» causes de sa décadence et de sa ruine.

» Peut-être avez-vous fait trop d'honneur
» à l'Europe, en la prenant pour votre mo-
» dèle. Peut-être que le Fort, dupe d'une
» fausse sagesse, dont l'éclat l'a séduit, n'a
» parlé qu'à vos passions. Il est doux de
» posséder de grandes richesses, et de faire
» des conquêtes; mais par quel miracle
» l'avarice et l'ambition, qui ont perdu
» tant d'états, seroient-elles destinées à
» faire la prospérité de la Russie? Deux
» vices que vous lui avez donnés contri-
» bueront-ils à vous faire la réputation
» d'un grand législateur? Peut-être que
» cette politique que vous imitez, n'est
» qu'un délire aux yeux de la raison. Est-il
» sûr que vous ayez commencé votre ré-
» forme par les points les plus nécessaires

» à réformer ? Si vous ne l'avez pas fait,
» les vices que vous laissez subsister ne
» détruiront-ils pas vos établissemens ?
» Vous avez créé des matelots, des cons-
» tructeurs, des soldats, des commerçans,
» des artistes ; mais si vous ne leur avez
» pas d'abord appris à être citoyens, quel
» avantage durable la Russie retirera-t-elle
» de vos travaux, de leurs connoissances
» et de vos talens ? Ce n'est point par ses
» chantiers, ses canaux et ses digues, que
» la Hollande est admirable ; c'est par cet
» esprit qui l'a formée, c'est par les lois
» qui ont établi sa liberté. Ce n'est plus
» au monarque despotique que je parle ;
» c'est au grand homme qui aime à con-
» noître ses erreurs et la vérité.

» En vous ensevelissant dans un chan-
» tier, pour y étudier la construction,
» vous avez offert à l'Europe un spectacle
» prodigieux ; mais on n'attendoit pas de
» vous les connoissances d'un charpentier,
» on vouloit un législateur. Ce n'étoit pas
» la coupe d'un vaisseau qu'il falloit con-
» noître, mais les passions du cœur hu-

» main, puisque vous deviez conduire et
» gouverner un grand empire. Vous n'avez
» rien appris de véritablement utile en
» Hollande, si vous n'y avez pas démêlé
» les causes par lesquelles les Provinces-
» Unies se sont affoiblies, en faisant tous
» leurs efforts pour se rendre plus recom-
» mandables. L'Angleterre auroit pu vous
» instruire d'objets plus importans que les
» moyens dont elle se sert pour étendre
» et faire fleurir son commerce. Peut-être
» auriez-vous remarqué que les richesses
» qui en sont le fruit, ébranlent déjà sa
» constitution, et ruineront peut-être son
» commerce et sa liberté. De quelle uti-
» lité cette étude n'auroit-elle pas été pour
» un législateur ? L'élégance, le goût, la
» facilité des mœurs que vous avez voulu
» rencontrer en France, et que vous auriez
» voulu pouvoir transporter en Russie, ce
» ne sont peut-être que des vices agréables
» et aussi opposés à la vraie politique,
» que les vices grossiers et barbares que
» vous avez voulu bannir de la Russie.
» Daignez y réfléchir : si le bonheur n'est

» pas une chose frivole, croyez-vous que
» les hommes soient destinés à le trouver
» au milieu des frivolités ?

» Vous avez eu l'art de vous faire des
» soldats qui ont vaincu et dissipé vos
» ennemis à Pultava ; j'admire les moyens
» par lesquels vous avez préparé vos vic-
» toires, et sur-tout cette audace sublime
» qui, au milieu des revers, vous a fait
» espérer que vous pourriez vaincre. Vous
» n'avez manqué à aucun des devoirs d'un
» grand capitaine; mais, comme législateur
» qui doit travailler pour l'avenir, quelles
» mesures avez-vous prises pour que cette
» milice conserve le génie et la discipline
» que vous lui avez donnés? Bientôt aussi
» indocile et aussi insolente que ces Stré-
» litz que vous avez eu l'habileté de dé-
» truire, ne craignez-vous point qu'elle ne
» gouverne encore vos successeurs, en les
» intimidant, et ne se joue de leur trône ?
» Vos flottes vous rendent le maître de la
» Baltique ; et dans Constantinople, le
» grand-seigneur est inquiet des forces que
» vous avez sur la mer Noire : jouissez de
» votre ouvrage, jouissez de votre gloire;

» je ne veux point, sire, troubler votre sa-
» tisfaction. Cependant, permettez-moi
» de vous demander ce que la Russie peut
» gagner par cette ambition, qui effarouche
» vos voisins, et qui vous rend déjà suspect
» à toute l'Europe. Que vous servira d'avoir
» augmenté vos forces, si vous avez aug-
» menté le nombre de vos ennemis ? Pour-
» quoi des conquêtes, tandis que vous avez
» des provinces désertes que vous pouvez
» peupler ? Que vous importe ce que font
» vos voisins, tandis que vous avez tant de
» choses à faire chez vous ? Je vois par-
» tout le capitaine et le conquérant qui
» veut inspirer de la terreur; mais je vou-
» drois voir le législateur profond, qui jette
» les fondemens d'un bonheur éternel, qui
» recherche des alliés par sa modération
» et la justice de ses lois, et qui forme ses
» citoyens aux exercices de la guerre, après
» leur avoir appris qu'ils ont une patrie
» qu'ils doivent aimer et défendre au prix
» de tout leur sang.

» Ne voyez-vous point, sire, avec quelque
» inquiétude, que vous êtes trop nécessaire
» à votre empire, que vous en êtes l'ame,

» et que la puissance de la Russie dispa-
» roîtra avec vous? Tout est perdu, si vos
» sujets ont besoin d'avoir des czars qui
» vous ressemblent : le législateur doit
» établir de telle sorte le gouvernement,
» que l'état puisse se passer d'hommes ex-
» traordinaires pour le gouverner, et ne
» craigne ni la médiocrité, ni même les
» vices de ses conducteurs. Vos ports sont
» ouverts; déjà vous avez établi quelques
» manufactures; le commerce commence
» à fleurir; votre trésor est riche; vos re-
» venus sont augmentés; mais s'il est vrai
» que le commerce ne donne qu'une pros-
» périté fausse et passagère; s'il est vrai
» qu'il amène la pauvreté après les ri-
» chesses, et que la pauvreté, qui paroît
» alors intolérable, détruit nécessairement
» un état; s'il étoit vrai que vos nouvelles
» richesses ne fussent propres qu'à faire
» germer de nouveaux vices dans la Russie;
» si vos successeurs doivent abuser de votre
» industrie pour se livrer au luxe et au
» faste; si vous devez craindre également
» et leur dissipation, et leur avarice; que

» de choses il resteroit à faire à votre po-
» litique? Votre législation est à peine
» ébauchée.

» Pardonnez, sire, ma hardiesse ; je
» vous propose librement mes doutes,
» parce que vous êtes trop grand pour vous
» en offenser. Avant que de rendre la
» Russie guerrière, il falloit la rendre
» heureuse. Il falloit étudier et connoître
» le bonheur auquel la nature destine les
» hommes. Il falloit commencer par ins-
» pirer à vos sujets l'amour des lois, de
» l'ordre et du bien public. Qu'avez-vous
» fait pour diminuer cette terreur acca-
» blante, qui accompagne votre pouvoir,
» et qui ne peut faire que des mercenaires
» et des esclaves? Vous avez toujours or-
» donné impérieusement le bien et même
» des bagatelles ; jamais vous n'avez daigné
» y inviter avec adresse. Je vois par-tout
» la vigilance, la fermeté, le courage, les
» talens de Pierre-le-Grand ; mais je ne
» vois point encore un bon gouvernement.
» Les lois sont-elles assez sages pour que
» l'émulation multiplie les talens et les
» vertus, et que le mérite vienne natu-

» rellement occuper les places les plus
» importantes?

» Si l'Europe n'a que de faux principes
» de politique; si elle est trompée par son
» avarice et son ambition, je prévois que
» votre empire, qui n'a pris que ses vices
» brillans, sera à peu près tel que les
» autres états, dès que le mouvement que
» vous avez imprimé aux esprits sera
» ralenti et suspendu. La plupart des na-
» tions de l'Europe ont besoin d'une grande
» réforme, tout le monde en convient, et
» cependant vous les avez imitées. Les
» Russes croupissoient dans des vices bar-
» bares, ils vont croupir dans des vices
» polis, et n'en seront pas plus heureux.
» Je crains que la Russie n'ait point en-
» core d'autres lois que les caprices et les
» passions de vos successeurs. Quels ins-
» trumens pour faire le bien, qu'un prince
» qui tremblera peut-être devant sa garde,
» et des sujets qui n'oseront jamais être
» citoyens! Vous avez formé un sénat qui
» ne peut avoir aucune autorité, et qui ne
» sera, par conséquent, d'aucun secours à
» vos successeurs. Vous avez vu, en dif-

» férens pays, des diètes ou des assemblées
» nationales : au lieu d'en transporter
» l'usage dans vos états, pour y jeter quelque
» semence de liberté, d'élévation, de gran-
» deur, de bien public et d'amour de la
» patrie, vous vous êtes contenté d'appeler
» des étrangers, qui ont abandonné leur
» patrie, pour s'attacher à vous; c'est avec
» eux, et non pas avec vos sujets, que vous
» avez fait de grandes choses. Espérez-vous
» qu'avec ces étrangers vous ferez fleurir
» vos provinces? Vaine espérance! Ils ne
» donneront à vos sujets aucune émula-
» tion, parce qu'ils leur sont trop supé-
» rieurs; en méritant des récompenses et
» des distinctions, ils se feront haïr, et ren-
» dront le gouvernement odieux. Vous
» n'êtes riche que des richesses étrangères,
» et vous auriez dû vous en faire qui vous
» appartinssent. Qu'attendre d'ailleurs de
» ces hommes qui s'exilent de leur patrie
» pour faire fortune? Vous les contenez
» par votre vigilance, votre discipline et
» votre fermeté; ce ne sont aujourd'hui
» que des flatteurs et des mercenaires qui
» vous servent utilement; mais sous des

» princes moins habiles et moins attentifs
» que vous, ce seront des traîtres.

» Voulez-vous, sire, élever un monu-
» ment éternel à votre nom? Que le bon-
» heur et la gloire des générations à venir
» vous appartiennent. Donnez à votre na-
» tion l'empreinte de ce génie noble et
» élevé qui vous dirige, et empêchez que
» vos successeurs ne lui donnent leur ca-
» ractère. Pour réformer utilement la
» Russie, rendre vos lois durables, et
» créer, en effet, un peuple nouveau, com-
» mencez par réformer votre puissance. Si
» vous ne savez pas borner vos droits, on
» vous soupçonnera d'avoir eu la foiblesse
» de ne vous croire jamais assez puissant,
» et votre timidité vous laissera confondu
» dans la foule des princes. Le citoyen doit
» obéir au magistrat; mais le magistrat
» doit obéir aux lois. Voilà le principe de
» tout gouvernement raisonnable, et c'est
» suivant qu'on s'en rapproche ou qu'on
» s'en éloigne, qu'on est plus ou moins près
» de la perfection. Dès que cette règle
» fondamentale est violée, il ne subsiste
» plus d'ordre dans la société; dès qu'à

» la place des lois, les hommes com-
» mandent, il n'y a plus, dans une na-
» tion, que des oppresseurs et des opprimés.
» Que les empereurs de Russie laissent aux
» lois l'autorité qu'ils affectent; qu'ils se
» mettent dans l'heureuse nécessité d'y
» obéir, qu'ils respectent assez leur nation
» pour ne pas oser paroître vicieux, et
» sur le champ vos esclaves, devenus ci-
» toyens, acquerront, sans efforts, les ta-
» lens et les vertus propres à faire fleurir
» votre empire ».

Les changemens prodigieux que Pierre Ier a faits dans son pays, les obstacles qu'il a vaincus, tout permet de conjecturer ce qu'il auroit pu faire, s'il eût formé sa politique sur de meilleurs modèles que ceux que lui présenta le Fort. C'est son ignorance des principes sur lesquels la société doit établir son bonheur, qui a égaré son génie. Quelle leçon pour vous, Monseigneur! et qu'elle doit vous inviter puissamment à vous ins- truire de vos devoirs, et de la manière dont vous devez les remplir. Pour fruit de tant de peines, de tant de travaux, de tant de réformes, les Russes sont parvenus à prendre quelques-uns de nos vices. Leur gouvernement qui a conservé les siens, les fait retomber dans leur ancienne barbarie; ils seront encore malheureux, et ne peuvent espérer quelque prospérité passagère, qu'autant qu'un heureux hasard placera quelques talens sur le trône.

## CHAPITRE III.

*Que les sociétés sont plus ou moins capables d'une réforme. Par quels moyens on doit y arriver.*

L'HISTOIRE vous a fait connoître, Monseigneur, par une longue suite de faits ou d'expérience, en quoi consiste le bonheur des états; mais ce n'est point là le seul avantage que vous en retirerez. Elle vous apprendra encore par quels moyens et avec quel art on peut établir les bons principes chez un peuple qui les a toujours ignorés ou qui les a abandonnés. Vous verrez que tous les temps et toutes les circonstances ne sont pas propres à une réforme. Il y a dans la politique, comme dans la médecine, des remèdes préparatoires, qui, par leur nature, ne sont pas destinés à guérir, mais qui préparent seulement le bon effet de ceux qu'on emploiera ensuite, et qui attaqueront le siége du mal. Au lieu de contraindre, le législateur éclairé se contente quelquefois d'inviter et de solliciter. Dans la crainte de révolter imprudemment les mœurs et les opinions publiques, souvent il ne prend point le chemin le plus court pour arriver au bien qu'il se propose. Tantôt il donne de la confiance et de l'audace, tantôt il inspire de la crainte; il ne cherche qu'à faire aimer les lois qu'il veut publier, et sait que si elles sont haïes, elles seront bientôt méprisées.

L'histoire vous offrira, Monseigneur, l'exemple de plusieurs grands hommes; elle vous fera même connoître des coutumes et des usages qui n'ont point été établis par des lois, et qui ne sont que l'ouvrage du hasard, des événemens et des circonstances. Ce que la fortune a fait, pourquoi la politique ne pourroit-elle pas le faire? En étudiant ces révolutions, pourquoi les réformateurs d'un état, en se ménageant les mêmes événemens, ne pourroient-ils pas avoir le même succès?

Tant qu'une nation conserve un gouvernement libre, c'est-à-dire, n'obéit qu'aux lois qu'elle se fait elle-même, il est très-aisé, s'il lui reste des mœurs, de corriger une législation qui n'aura pas été établie sur des principes assez sages, et de lier toutes les parties de la république par une harmonie et des rapports qui en rendront l'administration plus salutaire. Des citoyens qui ne vendent pas leur suffrage, et qui regardent leur liberté comme leur plus grand bien, ne demandent qu'à être éclairés ; montrez-leur le chemin de la vérité, ils y entreront sans répugnance. C'est ainsi que dans les beaux temps de la Grèce, vous avez vu plusieurs républiques s'abandonner avec joie aux conseils d'un magistrat. Les intérêts particuliers étoient sacrifiés aux intérêts publics, et l'avantage qu'une partie des citoyens retiroit de quelques abus, n'étoit point une raison pour les conserver.

Si les désordres n'ont point d'autre origine que cette espèce de lassitude et de paresse à laquelle les hommes ne sont que trop sujets, qui affoiblit quelquefois les lois et relâche les ressorts du gouvernement, un rien suffit souvent pour y remédier. Cherchez à faire naître de l'émulation entre les citoyens pour retirer leur ame de sa léthargie. Il n'est que trop ordinaire que tout le mal ne tienne qu'à la négligence avec laquelle les magistrats se seroient acquittés de leurs fonctions ; rendez donc leurs devoirs plus faciles, afin qu'ils n'aient aucune raison de les négliger. Les consuls romains servirent plus utilement la république, après que les censeurs et les préteurs les eurent délivrés d'une partie du fardeau dont ils étoient chargés. Quelquefois il sera utile de créer une magistrature nouvelle ; quelquefois il suffira d'avertir les anciennes que les lois languissent, et que l'état est menacé d'un danger.

Mais quand le gouvernement tombera en décadence, parce que les mœurs se seront corrompues ; quand de nouvelles passions ne peuvent plus souffrir les anciennes lois ; quand la république est infectée par l'avarice, la prodigalité et le luxe; quand les esprits sont occupés à la recherche des voluptés ; quand l'argent est plus précieux que la vertu et la liberté, toute réforme, Monseigneur, est alors impraticable. Il faudroit commencer par réformer les mœurs ; et il est impossible que quelques honnêtes gens luttent avec succès contre les préjugés et les passions agréables qui règnent impérieusement sur la multitude. Ferez-vous des lois? Les magistrats corrompus en éluderont eux-mêmes la force. Caton aura beau crier : *ó temps, ó mœurs!* il fatiguera par ses conseils qu'on ne veut pas écouter Peut-être se moquera-t-on de la bonne foi avec laquelle il espérera le bien ; il est sûr du moins qu'il n'aura jamais assez de crédit pour persuader à ses concitoyens de faire un effort sur eux-mêmes , et de remonter au point dont ils sont déchus.

Cette république énervée, qui n'a plus la force de résister à ses vices et de se rapprocher des lois de la nature, deviendra la proie d'un ennemi étranger, ou verra naître un tyran dans son sein. Je ne sais si, dans de pareilles circonstances, un Lycurgue même pourroit conjurer contre les vices de ses concitoyens , leur faire une sainte violence, et les rendre justes et heureux malgré eux; je craindrois qu'il n'éprouvât le sort d'Agis. Les désordres d'un peuple excitent ordinairement l'ambition de ses voisins; on le méprise, on lui fait des insultes, on lui déclare enfin la guerre, parce qu'on espère de le vaincre ou de l'asservir. Si, par hasard, les étrangers l'épargnent, il succombera sous un ennemi domestique. Les succès des intrigans, pour obtenir des magistratures dont ils ne veulent pas remplir les fonctions, formeront bientôt des ambitieux qui aspireront ouvertement à la puissance souveraine. On n'a pas encore un tyran, et cependant la tyrannie est déjà établie. Fatigué du mouvement, de l'agitation, des peines et de l'inquiétude qui accompagnent une liberté expirante, on désire le repos; et pour se délivrer des caprices et des violences d'une oligarchie agitée et tumultueuse, on se donnera un maître.

Quand le gouvernement n'est dérangé que par des cabales, des factions et des partis jaloux de dominer, et qui ne peuvent convenir entre eux du partage de l'autorité, la république est en danger; mais elle ne court cependant pas à une perte inévitable. Remarquez, Monseigneur, que l'ambition est une passion moins dangereuse que l'avarice. Celle-ci est toujours basse, elle avilit l'ame, elle n'est susceptible d'aucun conseil généreux; l'autre peut s'associer avec quelques vertus, telles que l'amour de la gloire, le désintéressement et l'amour de la patrie : aussi les querelles excitées par l'avarice ont-elles toujours perdu les états; et les ambitieux, au contraire, se sont quelquefois réconciliés. On a vu même quelquefois que quand ces deux passions unies ont excité des troubles, l'une est venue au secours de l'autre. Les Athéniens vous en offrent un exemple mémorable. Si on n'avoit demandé qu'un nouveau partage des terres et l'abolition des dettes, la république auroit été perdue. Heureusement les citoyens de la côte, de la plaine et de la montagne furent divisés sur l'autorité. L'avarice auroit porté aux dernières violences les riches, les pauvres, les créanciers et les débiteurs; l'ambition plus conciliante offrit de prendre Solon pour arbitre.

Pour faire une réforme utile dans un pareil état, gardez-vous d'employer la ruse et l'adresse; vous ne calmeriez les esprits que pour un instant; après avoir été la dupe d'un mensonge, on refuseroit de se fier à la vérité, et le mal deviendroit incurable. Gardez-vous de vouloir amener les citoyens au but que vous vous proposez, en flattant, comme Solon, leur avarice et leur ambition; vous seriez obligé de leur donner des espérances : si ces espérances ne sont pas vaines, vous ne faites que donner plus d'énergie à deux passions qui ont fait tout le mal, et que vous voulez réprimer. Si ces espérances sont fausses, le calme sera court, les passions sont impatientes et clairvoyantes; elles se vengeront en causant de plus grands désordres.

C'est moins le sentiment de la liberté que l'amour des lois qu'il faut rendre vif. Dans un état divisé par des partis, et où l'on cherche à s'éloigner des règles de l'égalité, les ames ne manquent pas de force, ce sont les esprits qui manquent de lumière; éclairez-les donc, et que par toutes vos lois le citoyen soit porté à préférer le bien public à ses avantages particuliers. Si vous favorisez les hommes déjà les plus puissans et les plus riches, ils en abuseront pour être plus audacieux et plus entreprenans. Rendez le corps de la république plus puissant, afin que les particuliers soient plus foibles. Multipliez les magistrats, partagez leurs fonctions, afin que, dépendant les uns des autres, ils s'imposent et se contiennent mutuellement. Confier, dans ces circonstances, une autorité plus considérable à un magistrat unique, pour le mettre en état de rétablir l'ordre, c'est l'exposer à une tentation dangereuse; il profiteroit peut-être des divisions pour asservir la république; peut-être se persuaderoit-il qu'il importe à ses concitoyens qu'il se rende leur maître.

Je dois encore vous faire observer, Monseigneur, que les états libres sont plus ou moins capables de prévenir leur décadence, ou de se réformer après être déchus, suivant qu'ils occupent un territoire plus ou moins étendu, et que leurs affaires sont dans une situation plus ou moins florissante. Quand tous les citoyens sont renfermés dans les murs d'une même ville, et ne composent, pour ainsi dire, qu'une même famille, qui ne voit pas que les lois, les mœurs et les coutumes doivent se conserver plus religieusement que dans une grande province qui ne formeroit qu'une république ? Ici, la vigilance des magistrats est souvent trompée ; là, des citoyens qui se connoissent tous, sont, les uns pour les autres, des magistrats infatigables. Par la même raison que l'ordre se conserve aisément dans une petite république, il est facile de l'y rétablir quand la corruption s'y est introduite. Il suffit à Lycurgue de trouver trente bons citoyens pour faire une révolution. Si Sparte eût régné sur tout le Péloponèse, qu'auroit-il pu entreprendre en faveur de sa patrie ? Quand elle se seroit soumise à ses lois, les autres villes auroient-elles eu la même complaisance ? Il auroit donc fallu former des conjurations dans chaque ville, les faire toutes éclater dans le même instant : entreprise difficile et que mille accidens imprévus pouvoient déranger.

Je le dirai en passant, Monseigneur, c'est un grand mal pour les hommes que de grands états. Quoi qu'en pensent les ambitieux, les sociétés ne peuvent s'étendre au-delà de certaines bornes sans s'affoiblir. Je ne vous dirai point que la nature a placé des rivières et des montagnes pour servir de barrières entre les états ; elle nous a avertis bien plus clairement de ses intentions, en nous créant avec tant de foiblesse. Faits pour ne voir que ce qui se passe autour de nous, n'est-il pas ridicule que nous voulions gouverner de grandes provinces ?

Mais je rentre dans mon sujet, Monseigneur, et je vous prie de remarquer que l'histoire ne vous a peut-être pas offert l'exemple d'un peuple qui ait songé, dans la prospérité, à se corriger de ses vices. Vous verrez, au contraire, par-tout, que cette prospérité affoiblit, altère et corrompt les principes du gouvernement. Le bonheur nous inspire de la confiance, et c'est dans le bonheur cependant que nous devrions nous défier davantage de nous. Le moment où l'on est le plus heureux, n'est pas un moment favorable au législateur, à moins qu'il ne porte quelque loi qui favorise les opinions du public. C'eût été un prodige, si les efforts que fit Caton pour défendre la loi Oppia, avoient réussi, pendant que les Romains, vainqueurs de tous leurs ennemis et chargés de leurs dépouilles, recueilloient le prix de leurs victoires. Pouvoient-ils prévoir les inconvéniens du luxe dont ils ne sentoient encore que les douceurs ? Pouvoient ils soupçonner que leur prospérité alloit les perdre ? Cet effort de raison est au-dessus de nos forces ; que le législateur ne l'exige donc pas. C'est quand on éprouve ou qu'on craint quelque malheur, que les esprits seront plus dociles à sa voix. Voilà le moment favorable pour faire une réforme avantageuse ; si vous le laissez échapper, les citoyens se familiariseront peut-être avec leurs vices, peut-être parviendront-ils à les aimer.

Si les peuples libres se corrigent si difficilement, s'il est si rare qu'ils perfectionnent leurs lois, et semblent prendre un nouveau caractère ; l'histoire des monarchies, Monseigneur, quand elles ne sont pas encore dégénérées en ce despotisme extrême qui étouffe tout sentiment de vertu, de patrie et de bien public, fournit, au contraire, plusieurs exemples de ces heureuses révolutions. Les sujets ayant encore quelque chaleur dans l'ame, sont cependant accoutumés à recevoir les impressions que leur donne leur maître. Un prince qui sait profiter de ces avantages, se crée, quand il veut, une nation nouvelle. Le peuple sort de son assoupissement ; il quitte ses vices, et, sans qu'il s'en apperçoive, prend de nouvelles mœurs et la vertu qu'on veut lui donner. Vous étes trop instruit pour douter de cette vérité, et vous avez vu cent fois, dans le cours de vos études, que des nations peu considérées ont fait encore de grandes choses sous la conduite d'un prince qui avoit eu l'art de ranimer le germe des vertus et des talens que ses prédécesseurs avoient étouffé. Vous citerai-je les Perses conduits par Cyrus, et les Macédoniens sous les règnes de Philippe et d'Alexandre. Sans remonter si haut, sans sortir de l'histoire moderne de l'Europe, je pourrois vous parler de quelques princes qui ont été en effet les bienfaiteurs de leur nation, si vous ne les connoissiez pas tous.

Mais, Monseigneur, permettez-moi de

vous demander si, après le despotisme le plus long et le plus accablant, il ne seroit pas encore possible de faire des hommes de ces esclaves qui paroissent abrutis. On me dira que Marc-Aurèle, le plus sage et le plus juste des princes, ne put rendre aucune élévation aux Romains; il ne se regarda pas comme le maître, mais comme l'administrateur de l'empire; il dit que tout et lui-même appartenoient à l'état; en remettant l'épée au préfet du prétoire, il lui ordonna de s'en servir pour le punir, s'il étoit injuste; il étoit l'ami et le frère de tous les hommes. Tant de vertus cependant n'excitèrent qu'une admiration froide et stérile à des sénateurs accoutumés à ne s'assembler dans le sénat qu'en tremblant. Aucun sentiment d'honneur, ni de liberté, ne se réveilla dans l'ame des Romains. J'en conviens, et toutefois je serois porté à croire que Marc-Aurèle auroit pu faire ce qu'il n'a pas fait.

Ce prince qui pensoit que la vertu est la récompense de la vertu, et l'aimoit pour elle-même, crut que des ames avilies étoient capables du même sentiment, et il se trompa. Pour rendre les Romains dignes d'aimer de bonnes lois, et de recevoir un sage gouvernement, il auroit fallu les secouer avec force, et frapper leur imagination; à des passions lâches et timides qui dégradent, il auroit fallu substituer des passions fortes et vigoureuses; pour arriver au but, il auroit fallu en effet se proposer d'aller au-delà. Les Romains n'étoient pas capables d'admirer Marc-Aurèle; ils jouirent de sa sagesse avec inquiétude et une sorte de terreur; je crois voir des matelots à peine échappés au naufrage, qui goûtent un moment de repos en voyant se former une nouvelle tempête.

En effet, pourquoi les Romains auroient-ils repris quelques sentimens de liberté et d'élévation, tandis qu'aucun nouvel établissement, aucun nouvel ordre dans l'administration de la chose publique, ne pouvoit leur donner de la confiance ? Que leur auroit servi de se réveiller au spectacle des vertus du prince, puisqu'ils continuoient à ne voir aucune sûreté dans le gouvernement, et que le successeur de Marc-Aurèle pouvoit être encore un monstre et un tyran? Il ne s'agissoit pas de vouloir rendre au sénat, aux grands et au peuple quelque dignité. Par un trop long usage des injures et des violences, ils étoient trop accoutumés à leur anéantissement pour penser qu'ils en pussent sortir. Si on vouloit donner un nouvel esprit national aux Romains, il ne falloit laisser subsister aucun des anciens établissemens. Pourquoi auriez-vous de la peine à croire, Monseigneur, que Marc-Aurèle eût réussi à faire revivre quelques sentimens de liberté et d'élévation, s'il eût eu recours à ces lois, à ces assemblées nationales, et à ces coutumes par lesquelles quelques modernes ont élevé des barrières contre le despotisme, et dont j'ai eu l'honneur de vous parler dans la seconde partie de cet ouvrage? C'est en s'emparant de toute l'autorité, que ses prédécesseurs avoient anéanti les Romains; et c'est en la recouvrant que la nation auroit repris une nouvelle vie.

Il le faut avouer à notre honte; il est des qualités plus propres que la vertu même de

Marc-Aurèle à remuer, échauffer et subjuguer les esprits; et ce sont ces qualités brillantes des héros, qui, jointes à des talens éminens pour la guerre, portent jusques dans les ames les plus languissantes, une sorte d'orgueil, de confiance et d'activité qui les prépare à faire de grandes choses. Trajan qui avait rétabli la gloire du nom romain chez les étrangers, et reculé les frontières de l'empire par des victoires signalées, auroit, selon les apparences, exécuté, plus facilement que Marc-Aurèle, le projet de rendre à Rome ses anciennes vertus. Rien n'étoit impossible à Alexandre, et il auroit pu donner aux Perses mêmes le goût de la liberté, s'il eût été capable d'en concevoir le dessein. On peut reprocher au czar Pierre I$^{er}$. de n'avoir pas profité de ses succès et de ses victoires pour établir un nouveau gouvernement dans son pays. C'est pour ne l'avoir pas du moins tenté, qu'il sera confondu avec les princes qui ont eu un règne glorieux; mais il ne sera jamais placé au rang des législateurs et des bienfaiteurs de leur nation,

L'Europe voit aujourd'hui un prince qui possède assez de ces qualités brillantes, pour faire deux ou trois hommes illustres. Supérieur dans toutes les parties de l'administration politique, plus habile à manier ses intérêts dans ses négociations, plus grand encore à la tête de ses armées ; ses disgrâces mêmes n'ont servi qu'à faire connoître les ressources de son génie. Sa gloire et sa réputation lui ont acquis un tel empire sur ses sujets, qu'il peut les faire penser comme il voudra ; et la paix lui laisse le loisir d'affermir, sur une base solide, la grandeur de sa couronne et de sa nation. Mais cette grandeur ne disparoîtra-t-elle pas avec lui, s'il veut qu'elle n'ait d'autre appui que les talens de ses successeurs ? Après avoir étonné son siècle, que tarde-t-il à préparer le bonheur de la postérité ?

Par quelle fatalité faut-il, Monseigneur, que ces qualités héroïques qu'on trouve dans tant de princes, n'aient presque jamais été utiles aux états qu'elles ont illustrés ? Ces hommes qu'on appelle des héros, ne paroissent occupés que d'eux-mêmes ; puisqu'ils ont oublié nos intérêts.

nous devrions au moins nous en venger, en ne les louant pas. On diroit qu'inspirés par cette politique odieuse que Tacite reproche à Auguste, ils prévoient avec plaisir la décadence de leur état après leur mort, et croient que leur gloire sera plus grande, si leur successeur est incapable de soutenir leur ouvrage ; ils aspirent à se faire un grand nom. Les aveugles ! que ne songent-ils donc à se faire aimer de la postérité ? que ne travaillent-ils pour elle ? Elle sera reconnoissante, si les bienfaits s'étendent jusqu'à elle. Pendant six cents ans, il n'y eut point de spartiate qui ne crût devoir son bonheur à Lycurgue, et qui ne le regardât comme le plus grand et le plus sage des hommes. Qu'à l'exemple de ce législateur, un prince capable de guider et d'entraîner ses sujets après lui, forme le projet d'en faire des citoyens, qu'il fasse des lois sages, qu'il en affermisse l'empire, en établissant un gouvernement conforme aux règles et aux principes de la nation, et je vous réponds que toute la gloire que ses successeurs et ses sujets acquerront lui appartiendra.

## CHAPITRE IV.

*De la méthode avec laquelle un prince doit procéder dans la réforme du gouvernement et des lois.*

Certainement je veux rendre justice à un prince qui, après avoir étudié avec soin les pays soumis à sa domination, forme le projet d'en réformer les abus ; cependant s'il se borne à établir un nouvel ordre dans les différentes parties de l'administration, sans rien changer à la forme même du gouvernement, je louerai ses bonnes intentions ; mais il faudra avouer qu'il ne remplit que les devoirs les moins importans qu'on attend d'un législateur.

En effet, Monseigneur, n'avez-vous pas remarqué dans toutes vos lectures, que les princes qui se sont bornés à faire des lois sur des objets particuliers, n'ont produit qu'un bien passager et très-court ? Vous avez pu observer que, s'ils ont vieilli sur le trône, ils ont vu quelquefois eux-mêmes leurs établissemens tomber en décadence. La sagesse d'un règne ne sert jamais de leçon au règne qui lui succède. Soit qu'un prince, en montant sur le trône, se croie plus sage que son prédécesseur, soit qu'il ait un caractère différent, il est rare qu'il ne se conduise pas par des vues et des principes opposés. Suivez l'histoire d'une monarchie, et vous verrez que la plupart des souverains ne portent une attention particulière sur rien, tandis que quelques autres ne songent qu'à la partie pour laquelle ils ont quelque goût. L'un corrigera les milices, et l'autre les tribunaux de justice ; celui-ci s'occupe de la marine ou de ses finances, et celui-là des arts, du commerce ou de l'agriculture. On croiroit qu'après un certain temps, toutes les parties de l'état doivent être enfin corrigées et bien administrées par cette conduite différente des souverains : cependant l'ouvrage de la réforme n'est jamais qu'ébauché, parce qu'on n'a aucune confiance aux lois ; on est accoutumé à les voir toutes tour-à-tour négligées sous un gouvernement qui n'a aucune suite, ni aucune tenue. A force de se multiplier, et de se contredire, les lois forment enfin un chaos où les citoyens ne comprennent rien; et les jurisconsultes eux-mêmes se forment une routine qui leur tient lieu de jurisprudence.

Charlemagne, dont on vous a fait connoître et admirer le vaste et puissant génie, avoit compris que tant que la puissance législative sera déposée dans les mains d'un seul homme, la législation doit être vicieuse. Plus il étoit grand, plus il connoissoit l'étendue des devoirs d'un législateur; et plus il les connoissoit, plus il étoit persuadé qu'il lui étoit impossible de les remplir. Comment, se disoit-il sans doute, pourrois-je entrer par moi-même dans tous les détails qui me seroient nécessaires pour faire de bonnes lois? Si je néglige quelque partie, n'est-ce point par-là que la corruption se glissera dans l'état? Si je veux juger sur les rapports des personnes à qui je donnerai ma confiance, qui me répondra qu'ayant un si grand intérêt à me flatter et à me tromper, ils me rendront un compte fidelle ? Qui me répondra qu'ils n'auroient pas vu la situation du peuple au travers de leurs préjugés et de leurs passions ? Je me charge donc d'un fardeau que je ne puis porter, et j'encours nécessairement la haine d'une partie de mes sujets, si je veux, avec mon conseil, faire le bonheur public. Tous les ordres des citoyens ont des passions, des besoins, des préjugés et des intérêts différens; ce n'est donc que dans une assemblée générale de la nation qu'ils pourront, comme dans un grand congrès, discuter leurs droits, leurs prérogatives, leurs prétentions réciproques, se rapprocher et se concilier pour être tous heureux.

Mais, devoit-il ajouter, quand je pourrois acquérir toutes les connoissances dont un législateur ne peut se passer, quelle seroit ma présomption, si j'osois me flatter que je serai assez supérieur aux foiblesses de l'humanité pour que mes goûts, mes préventions et mes intérêts particuliers ne me fassent jamais illusion ? Ne présumerai-je pas trop de moi, si je crois que je tiendrai la balance égale entre tous les ordres des citoyens ? Suis-je bien sûr que les intérêts des hommes qui m'approchent ne me seront pas plus chers que ceux de cette multitude que je ne connois pas ? Il n'y a que la nation elle-même qui puisse connoître ce qui lui convient. Si elle fait elle-même ses lois, elle en supportera plus patiemment les défauts ; elle aimera ses lois comme son ouvrage. Si je veux gouverner à ma volonté, mon pouvoir deviendra suspect. Si je fais les lois, on les regardera comme un joug qu'on voudra secouer. Avec une autorité despotique, je serai en effet peu puissant. Que m'importe d'avoir des esclaves ? Des hommes libres ne me serviront-ils pas plus utilement ?

Voilà sans doute, Monseigneur, les réflexions qui portèrent Charlemagne à rétablir le gouvernement sur les anciens principes des lois Saliques, tandis qu'il lui étoit si aisé de s'emparer d'un pouvoir absolu. Cette conduite étonne ; mais ce qui doit véritablement étonner, c'est que parmi tant de princes si jaloux d'exercer une puissance sans bornes, aucun n'ait eu assez de lumières pour juger qu'en imitant

Charlemagne, il se rendroit plus puissant que le despote le plus arbitraire : je ne prouve point cette vérité, elle est évidente; et je ne doute point qu'elle n'eût produit plusieurs révolutions heureuses dans les gouvernemens, si les princes n'avoient été trompés par les personnes qui manient leur pouvoir, et qui en abusent.

Je vous prie, Monseigneur, de vous rappeler que la puissance législative n'est autre chose que le droit de faire des lois, de changer, modifier, abroger et annuler les anciennes. Si ce droit appartient purement et simplement à un prince, tremblez ; vous avez fait un despote qui vous perdra. Si vous avez accordé ce droit à de certaines conditions, sans avoir un garant que ces conditions seront observées, vous obéissez encore à un despote. Si, en effet, vous avez établi un garant qui vous réponde de la fidélité du législateur à remplir les conditions qui lui sont imposées, je dis que vous avez formé dans l'état une puissance supérieure à la puissance législative ; ce qui est contraire aux notions les plus simples de la société. Je dis que vous avez mis des entraves à la puissance législative qui, par sa nature, doit être maîtresse de tout. Je dis encore que vos lois seront mauvaises, que vous n'aurez aucun droit public, et que vous éprouverez, par conséquent, tous les malheurs qui en doivent résulter.

Quand la nation n'a pas elle-même le pouvoir de faire ses lois, on est obligé, pour ne pas tomber dans le despotisme, d'établir comme autant de maximes, que le prince est obligé de gouverner conformement aux lois, qu'il y a des lois fondamentales qu'il ne peut abroger, et que les nouvelles lois doivent être dictées par l'esprit des anciennes. Voilà de beaux mots qui sont dans la bouche de tout le monde, et que personne ne comprend. Si on entend que le législateur doit se conformer aux lois tant qu'il les laisse subsister, rien n'est plus vrai ; mais si on prétend qu'il n'est pas le maître de les abroger pour en substituer d'autres, c'est avancer une absurdité ; et je vous prie de me dire de quel nom vous appellerez la puissance qui s'y opposera. Je voudrois qu'on me dît pourquoi ces lois, qu'on appelle fondamentales, auroient le privilège de ne pouvoir être annulées; elles sont l'ouvrage du législateur, pourquoi donc ne lui seroient-elles pas toujours soumises? N'est-il pas de la nature de la puissance législative de ne pouvoir se prescrire des bornes à elle-même? Il seroit ridicule de penser que les lois nouvelles ne doivent jamais être contraires aux anciennes; car des circonstances toutes différentes exigeront des lois dont l'esprit sera entièrement différent. D'ailleurs, les anciennes lois peuvent être vicieuses, elles peuvent avoir été portées par un législateur ignorant et injuste; pourquoi donc ne seroit-il pas permis à un législateur éclairé et juste de les corriger?

Je pourrois ajouter ici, Monseigneur, mille autres raisonnemens pour vous prouver qu'on ne peut faire une réforme véritablement avantageuse, qu'autant qu'on donne à la nation la faculté de faire elle-même ses lois; mais pourquoi m'arrêterois-je plus long-temps sur une vérité dont je vous crois convaincu? J'ajouterai que, pour faire une réforme durable, la puis-

-sance législative doit prendre les mesures les plus propres à lui conserver son indépendance. Qu'elle se défie continuellement de l'ambition des magistrats qu'elle charge du soin de faire exécuter ses ordres. On voit, dans tous les états libres, une rivalité éternelle entre la nation et les magistrats. La puissance législative toujours attaquée, succombera donc enfin, si elle ne se conserve pas des forces supérieures à celles qu'elle est obligée d'abandonner à la puissance exécutrice, pour la mettre en état de veiller utilement à l'observation des lois.

Avant que de vous dire, Monseigneur, en quoi consiste cette politique qui tiendra toujours les magistrats soumis à la nation, permettez-moi de faire quelques remarques sur ce qui se passe dans plusieurs états de l'Europe, elles répandront un grand jour sur cette matière.

Si la Suisse, en secouant le joug de ses seigneurs, n'avoit pas continué à former une nation militaire; si chacun de ses habitans n'étoit pas destiné à défendre la patrie comme soldat, j'ose vous assurer qu'elle n'auroit pas conservé sa liberté. Si, par hasard, elle venoit à ne plus compter sur la bravoure de ses citoyens, ou que les magistrats, sous prétexte de favoriser leur paresse, prissent le parti d'avoir des milices soudoyées et toujours subsistantes; vous comprenez facilement que cet heureux pays verroit bientôt disparoître l'impartialité des lois et la douceur du gouvernement qui font sa prospérité. Dans les cantons démocratiques, les magistrats acquerroient un pouvoir dangereux, et dans les autres, l'aristocratie deviendroit de jour en jour plus rigoureuse. Il seroit impossible qu'en se sentant plus puissans, les magistrats n'eussent pas plus de confiance en leurs propres forces; et dès-lors ils seroient plus entreprenans et moins attentifs à leurs devoirs. De-là, au violement des lois et à l'usurpation de la souveraineté, le chemin est court. Après avoir tâté la patience du peuple; après s'être essayé peu à peu à commettre de légères injustices, il faudroit tout oser, et se rendre le maître pour s'assurer de l'impunité.

Telle est la marche des passions humaines ; et vous n'en douterez pas, si vous vous rappelez la révolution qui suivit l'établissement de ces milices toujours subsistantes, qui sont aujourd'hui connues dans toute l'Europe. A peine les suzerains eurent-ils permis à leurs vassaux et à leurs sujets de se racheter du service militaire, en payant un subside ou une contribution, qu'ils ne sentirent plus, comme auparavant, la nécessité de ménager des hommes armés qui pouvoient se défendre. Des citoyens qui n'étoient plus soldats, et livrés aux soins de leurs affaires domestiques, ne tardèrent pas à s'appercevoir de leur faute. Ils sentirent qu'on est soumis, quand on cesse de se faire craindre, et qu'on a perdu les moyens de repousser une injustice. Las de se plaindre inutilement des rapines et des violences des soldats, ils consentirent enfin à se taire ; les esprits perdirent leur énergie, et une carrière plus libre fut ouverte à la licence.

Si les princes de l'Empire n'ont pas succombé sous la puissance de la maison d'Autriche ; si Charles-Quint et ses successeurs, dont les armées étoient si considérables, n'ont pu ruiner le gouvernement féodal, et faire oublier les anciennes lois et les anciennes coutumes, c'est qu'on a opposé la force à la force, des soldats à des soldats. Sans cette ressource, tous les établissemens qui ont d'ailleurs contribué à conserver la liberté germanique, auroient été perdus pour l'Empire. Si les princes eussent été désarmés, ils n'auroient trouvé ni alliés, ni protecteurs assez courageux pour les défendre. En vain auroit-on fait des remontrances; en vain auroit-on imploré les secours des tribunaux, les lois se taisent devant la force ; l'esprit national auroit appris à céder à la nécessité. Aujourd'hui on auroit renoncé à une prérogative, et demain à une autre. A force de traités et de négociations, aucun droit n'auroit enfin subsisté. On se seroit fait de nouveaux principes à Munich, à Berlin, à Brunswick, etc., et les princes qui y règnent aujourd'hui, réduits à la condition de simples gentilshommes, n'auroient que la frivole consolation de penser qu'ils ont une origine aussi illustre que leur maître.

Après les règnes de Henri VIII et de ses enfans, jamais l'Angleterre n'auroit pu en venir aux principes établis par la grande chartre, si les Stuarts, en montant sur le trône, avoient trouvé les milices sur le même pied où elles sont aujourd'hui. Mais, dit M. Hume, Charles I<sup>er</sup>. qui se glorifioit d'être absolu, et de ne tenir son pouvoir que de Dieu, n'avoit pas une garde de six cents hommes pour faire valoir ses hautes prétentions. Quand les esprits s'aigrirent à la cour et à Londres, et que la nation s'apperçut que le prince vouloit défendre ses prérogatives par la force, elle ne fut point prise au dépourvu ; elle pouvoit, sans imprudence, ne pas recourir à de vaines négociations, parce qu'il lui étoit aisé de lever une armée contre un prince qui ne lui opposoit que six cents hommes. Tant que les Anglais continueront à avoir sur pied dix-huit ou vingt mille hommes de troupes réglées en temps de paix, il leur sera impossible de corriger les vices que j'ai reprochés à leur gouvernement. Le roi qui n'a déjà que trop de flatteurs de sa trop grande fortune, aura, malgré lui, une trop haute idée de sa puissance. Sans qu'on s'en apperçoive, il a intimidé les esprits. En voyant de si grandes forces entre les mains du prince, les partisans de la liberté sont naturellement moins fiers; ils ne s'en rendent pas raison, mais ils sentent qu'il faut avoir des complaisances. Ils s'accoutument à une certaine mollesse, tandis qu'il n'est que trop naturel qu'un nouveau Charles I$^{er}$. prenne le parti de se porter aux dernières extrémités, et de tout hasarder pour augmenter son pouvoir.

Que l'Angleterre se rappelle quel auroit été son sort sous le règne de Jacques II, si le prince d'Orange n'y eût fait une descente avec une armée étrangère qui servit de point de ralliement et de retraite aux mécontens. Sans cette protection, leur courage n'auroit osé se montrer devant l'armée du roi qui campoit aux environs de Londres; ou bien, après un vain éclat, il auroit bientôt fait place à la crainte et aux négociations. Si la nouvelle milice que les Anglais ont imaginée dans la guerre qui vient de finir, est aux ordres de la cour, leur liberté n'est-elle pas exposée au plus grand danger ? Si cette milice, au contraire, obéit au parlement, si elle lui doit sa paie, ses honneurs et ses distinctions, la nation sera libre, parce qu'ayant toujours sous la main des forces égales à celles du roi, elle se retrouvera dans la même situation où elle étoit à l'avènement des Stuarts au trône. Le prince n'usera de ses forces qu'avec prudence. L'équilibre qui penche aujourd'hui du côté de la cour, sera mieux établi entre le prince et la nation, peut-être viendra-t-il à pencher du côté de la liberté.

La Suède a le gouvernement d'une république, et la milice d'une monarchie. Pourquoi les citoyens ne sont-ils pas soldats chez une nation jalouse de ses droits, et qui n'abandonne au roi et au sénat que la puissance exécutrice ? Si le prince et les sénateurs ont l'art de se faire aimer et respecter des soldats, j'ai peur qu'ils ne se fassent bientôt craindre des citoyens. L'histoire, Monseigneur, a dû vous faire connoître le caractère de ces mercenaires qui font la guerre comme un métier. Ils portent, dans la vie civile, cette obéissance aveugle que la discipline rend nécessaire dans une armée. Accoutumés aux voies de fait, et jugeant du droit par la force, ils oppriment leur maître s'ils le peuvent; ou s'ils ne sont ni des soldats prétoriens, ni des janissaires, ni des strélitz, ils servent, sans remords, d'instrumens à la violence.

Si je ne me trompe, Monseigneur, les réflexions que je viens de faire suffisent pour vous convaincre qu'un peuple à qui l'on rend le droit de faire ses lois, ne le conservera pas long-temps, si les citoyens achètent des soldats pour se défendre, et ne se croient pas destinés à repousser l'ennemi de la patrie les armes à la main. La république romaine fut invincible, parce que ses citoyens étoient soldats, et qu'il falloit avoir fait la guerre pour parvenir aux magistratures. C'est parce qu'elle n'admettoit, dans ses légions, que des hommes intéressés à la gloire et au salut de la patrie, qu'elle put établir cette discipline rigide et savante qui fut l'ame de ses succès et de ses triomphes. C'est parce que les plébéiens défendoient leur patrie, qu'ils surent défendre, affermir et conserver leur liberté. L'histoire ne nous apprend-elle pas que la Grèce ne commença à déchoir et éprouver les désordres de l'anarchie ou de la tyrannie, que quand les citoyens riches, amollis par les richesses, le luxe et l'oisiveté, distinguèrent les fonctions civiles des fonctions militaires, ne portèrent plus les armes, et ne contribuèrent qu'aux frais de la guerre. Enfin, Monseigneur, ne pourrois-je pas vous dire que la république de Pologne ne subsiste que par le génie militaire de sa noblesse ? Il y a long-temps que les vices de son gouvernement l'auroient perdue, si ses braves citoyens n'avoient tous été soldats pour défendre leur liberté.

Si les mœurs actuelles de l'Europe ne permettent pas de former des nations militaires, peut-être ne faut-il l'attribuer qu'au médiocre intérêt qu'ont la plupart des peuples à défendre une patrie qui ne les rend pas heureux. Mais dans une révolution dont la liberté seroit l'objet, et qui donneroit aux esprits un nouveau mouvement et de nouvelles idées, il est vraisemblable qu'on pourroit obliger les citoyens à ne point regarder la guerre comme une corvée ; pourvu cependant qu'ils ne fussent pas corrompus par le luxe et cet esprit de commerce et d'agiotage qui n'estime que les richesses ; ou que le législateur ne fût pas assez déraisonnable pour exiger des efforts de courage et de générosité, en regardant l'argent comme le nerf de la guerre et de la paix. Dans le moment où les Suédois réformèrent leur gouvernement après la mort de Charles XII, je suis persuadé qu'il auroit été possible de réduire les troupes réglées au nombre suffisant pour servir de garnison à quelques forteresses nécessaires sur les frontières, et de former, dans les provinces, une milice nationale toujours prête à s'assembler, et qui auroit été brave et même bien disciplinée. Les personnes qui doutent de cette vérité, ne connoissent pas toutes les ressources de la liberté; elles ignorent ce qu'ont fait autrefois des républiques militaires, et qu'avec des récompenses ou des distinctions sagement établies, rien n'est impossible à des hommes qui aiment leur patrie.

Quoi qu'il en soit, si les citoyens ne sont pas destinés à être soldats, gardez-vous d'avilir les troupes mercenaires que vous achetez ; il vous en coûteroit beaucoup d'argent pour n'avoir que de misérables défenseurs. Moins vos soldats auroient d'honneur, plus il seroit aisé de les employer contre les citoyens ; et sûrement il intimideront des bourgeois assez lâches eux-mêmes pour avoir craint de défendre leur patrie. Accoutumez vos milices mercenaires à la discipline la plus sévère et la plus exacte. Ne craignez jamais de leur inspirer trop de courage et d'intrépidité, mais soumettez leur conduite à un conseil dont les membres n'auront qu'une autorité courte et passagère. Tous les ans nommez les généraux qui doivent les commander, afin qu'ils n'aient jamais le temps d'acquérir un crédit dangereux.

En prenant les mesures les plus sages contre l'ambition des milices mercenaires ; en faisant tous ses efforts pour empêcher que les magistrats n'abusent de la force qui leur est confiée, le législateur n'a rien fait pour la sûreté publique, s'il néglige de leur ôter l'administration des finances. Des hommes qui disposeroient du trésor public, acquerroient une autorité d'autant plus funeste, qu'ils corromproient les citoyens par des graces, des dons et des largesses. N'espérez point de prévenir leurs fraudes, et de les obliger à vous rendre un compte fidelle de leur administration. Ces magistrats trouveront le secret d'éluder la force de vos lois, leurs complices les rendront redoutables ; et, après avoir balancé pendant quelque temps le crédit de la nation entière, ils finiront par l'asservir. Que tout ce qui se lève de subside, et tout ce qui se paie pour le service du public, soit levé et payé par la nation même. Elle sera plus économe, ses bienfaits ne corrompront jamais ; et si ses trésoriers la trompent, leurs fraudes n'auront jamais de suites aussi dangereuses que celles des magistrats.

Avec quelque soin que le réformateur d'une nation tourne ses vues vers la sorte de bonheur que la nature destine aux hommes, quelque peine qu'il ait prise pour affermir son nouveau gouvernement, ses méditations, ses soins, ses travaux, tout sera perdu, s'il ne s'applique, d'une manière particulière, à donner des mœurs à ses citoyens : c'est sur ce fondement que l'édifice politique doit s'élever.

Je ne vous répéterai point ici, Monseigneur, ce que j'ai dit, avec assez d'étendue, dans un autre ouvrage où j'ai eu la hardiesse de faire parler un des plus grands hommes de l'antiquité, sur le rapport de la morale avec la politique. Je ne vous répéterai pas qu'il n'y a point de vertu, quelque obscure qu'elle soit, qui ne soit utile et nécessaire au bonheur de la société ; que les vertus domestiques décident des mœurs publiques ; qu'il est insensé d'espérer de bons magistrats, quand on n'a pas commencé par rendre les citoyens honnêtes gens dans le sein de leur famille ; que les bonnes mœurs ont souvent tenu lieu de lois, parce qu'elles portent naturellement à l'amour de l'ordre et de la justice ; mais que les lois ne suppléent jamais aux mœurs, parce que sans cet appui, elles sont continuellement attaquées, et finissent par être méprisées et violées impunément. Vous savez, Monseigneur, qu'il y a quatre vertus principales : la tempérance, l'amour du travail, l'amour de la gloire et le respect pour la religion. Sans le secours de ces quatre vertus, un peuple ne fera jamais que de vains efforts pour être juste, prudent et courageux ; c'est-à-dire, pour être heureux et affermir son bonheur.

Que de réflexions ne pourrois-je pas ajouter ici sur la nature et le caractère des lois que doit porter un prince qui veut faire une réforme véritablement utile dans ses états ! Mais cette matière est trop vaste et trop importante pour ne pas mériter un ouvrage à part. Si mes forces me le permettent, j'oserai peut-être un jour entreprendre cet essai pour vous occuper dans vos méditations. Qu'il me suffise aujourd'hui d'avoir l'honneur de vous dire que toute loi est plus ou moins sage, à mesure qu'elle est plus ou moins propre à réprimer l'avarice et l'ambition des citoyens, des magistrats et du gouvernement. Tout établissement qui favorise l'une de ces deux passions est pernicieux. Cette règle est générale: dans aucun lieu, dans aucun temps, dans aucune circonstance, elle n'est sujette à aucune exception, et il me seroit aisé de le prouver par l'histoire de la prospérité et de la décadence de tous les états anciens et modernes.

## CHAPITRE V.

*Conclusion de cet ouvrage.*

Les vérités que vous venez de lire, Monseigneur, vous deviendront inutiles, si vous ne vous les rendez pas propres par vos méditations. En lisant les historiens, mais sur-tout les anciens, cherchez vous-même de nouvelles preuves des vérités politiques, vous en trouverez mille; il s'en faut bien que j'aie tout dit. Heureusement le ciel vous a donné un cœur droit et sensible, un esprit avide de connoissances et une conception prompte; que ces dons rares et précieux de la nature ne soient perdus, ni pour vous, ni pour les hommes. Songez, Monseigneur, qu'une grande gloire, si vous le voulez, vous attend dans un petit état. Ce ne sont point de grandes provinces qui font un grand prince : eh! quel homme ne paroîtra pas petit, quand on le voit à la tête d'un grand empire! Ce ne sont ni de grandes richesses, ni de nombreuses armées qui rendent un prince puissant; avec ces prétendus avantages, combien de rois ont perdu leurs états! C'est par la sagesse de ses lois qu'un prince peut et doit acquérir le titre de grand, et ce n'est que par cette sagesse qu'il affermit sa fortune. Des lois sages sont en effet le présent le plus précieux qu'on puisse faire à l'humanité; et Lycurgue qui n'a été législateur que d'une petite ville, est encore regardé comme le plus grand des hommes. Comparez Cyrus à ce sage; que l'un vous paroîtra inférieur à l'autre, lorsque vous verrez les successeurs du premier venir se briser avec toutes les forces de l'Asie contre la vertu, le courage et la discipline que Lycurgue avoit donnés aux Lacédémoniens.

Pensez-vous, sans une sorte de frémissement intérieur, que vous êtes appelé, par votre naissance, à être un jour le législateur des Parmesans et des Plaisantins; que leur bonheur ou leur malheur dépendra de votre volonté, et que peut-être il y a parmi eux cent hommes plus en état que vous de commander? Il est temps, dès aujourd'hui, de vous préparer à l'auguste fonction à laquelle vous êtes destiné. Vous essayez-vous à vous imposer des lois à vous-même ? Vous devez avoir plusieurs défauts attachés à l'humanité; si vous les traitez avec indulgence, si vous ne travaillez pas aujourd'hui à les vaincre, ils acquerront, de jour en jour, une nouvelle force; ils se multiplieront; ils ouvriront enfin votre ame à tous les vices que les flatteurs ont intérêt de donner aux personnes de votre rang pour les dominer. Le dégoût pour le travail est l'écueil le plus terrible pour un prince; il est toujours suivi de l'ignorance, et cependant vous aurez besoin des plus grandes lumières pour connoître vos devoirs, et n'être pas injuste. Aimez le travail pour ne vous être pas à charge à vous-même. Sachez vous occuper, quand ce ne seroit que pour éviter l'ennui qui vous feroit courir inutilement après tous les plaisirs qui se présenteront en foule au-devant de vous. Si vous n'apprenez pas à vous en séparer pour vous livrer à une étude utile, leur jouissance vous paroîtra bientôt insipide; votre ame rassasiée, vide, flétrie et rétrécie, deviendroit incapable de tout.

Vous venez de voir, Monseigneur, comment un prince doit faire une réforme heureuse dans ses états; mais pour la préparer, pour se rendre digne d'exécuter un si grand projet, il a besoin de la confiance de ses sujets. Soyez sûr que les vôtres, malgré le respect machinal et d'étiquette qu'ils vous marqueront, vous feront l'affront de ne compter ni sur vos ordonnances, ni sur votre parole, ni sur vos promesses, s'ils n'estiment pas vos qualités personnelles, ou s'ils soupçonnent que vous ne pensez pas par vous-même, et que, vous conduisant par caprice, par boutade ou par des inspirations étrangères, vous êtes incapable de rien vouloir avec constance. On excuse les défauts d'un prince, quand il a fait des efforts pour se corriger ; mais peut-on lui pardonner de prendre ceux de toutes les personnes qui l'entourent ? Peut-on, sans rougir, commander à ses sujets ce qu'on ne veut pas exécuter soi-même ? De quel front puniriez-vous un citoyen qui vous imite, et que votre exemple a corrompu ? Mettez-vous, Monseigneur, à la place du Parmesan qui vous obéira. Ne croiriez-vous pas que le prince se joue de vous, s'il vous ordonnoit d'avoir des mœurs, tandis que sa cour seroit une école de luxe, de faste, de mollesse et d'oisiveté ?

Les lois que vous ferez un jour, pour être bonnes, doivent être impartiales. Accoutumez-vous donc dès-à-présent à ne pas croire que tout vous appartient, et que tout est fait pour vous. Ne pensez pas qu'on soit trop heureux de se sacrifier à vos fantaisies. Dans le sujet qui vous respecte, voyez votre frère, voyez un homme que vous devez aimer ; il ne doit vous obéir que parce que vous devez le protéger. Puissent ces maximes être gravées si profondément dans votre cœur et dans votre esprit, qu'elles ne soient jamais effacées par les flatteurs !

J'ai dit que vos lois doivent être impartiales, c'est-à-dire, que dans toutes vos institutions vous devez tendre à vous rapprocher, autant qu'il est possible, de cette égalité pour laquelle la nature a fait les hommes. Cependant ne croyez pas, Monseigneur, que dans la situation présente des choses, je vous invite à confondre tous les rangs, ni à faire un nouveau partage des terres, pour donner à vos sujets une fortune égale. Ce que les législateurs auroient pu faire dans des temps plus heureux, nos vices et nos préjugés accumulés l'ont rendu aujourd'hui impraticable. Je sais ce que peut l'amour des richesses sur les hommes, je sais ce que peut leur vanité. Il faut ménager ces passions, il faut, pour ainsi dire, négocier avec elles; et jamais la politique, si elle n'est insensée, ne les révoltera pour les corriger. Je crois même que l'habitude de la bassesse et de l'humiliation est telle, dans la plupart des hommes qui végètent dans les derniers ordres de la société, que s'il étoit possible de contraindre aujourd'hui les grands et les riches à renoncer aux folles prétentions de leur vanité et de leur avarice, il ne le seroit peut-être pas de rendre quelque dignité à la multitude.

L'égalité à laquelle il est encore permis d'aspirer, et qu'il faut nécessairement établir, c'est que, dans la société, il n'y ait point de naissance, de titre, de privilége qui affranchisse des devoirs de citoyen, et que la qualité de citoyen soit inviolablement respectée dans le dernier homme de l'état. Puisque nous ne savons pas être frères, et nous conformer aux intentions de la nature, il doit y avoir des classes de citoyens plus honorées que d'autres; mais qu'aucun homme ne soit flétri et humilié dans sa condition, à moins qu'il ne soit un malfaiteur condamné par les lois à vivre dans le mépris. Malgré les distinctions attachées aux différens ordres de l'état, ils seront égaux entre eux autant qu'ils peuvent l'être aujourd'hui ; ils ne se mépriseront point, ils ne s'opprimeront point mutuellement, si la loi a pris de sages précautions pour balancer leur pouvoir, et rendre sacrés et inviolables les droits particuliers de chacun d'eux. Le tiers-état respectera les grands sans être avili par leurs distinctions, si les grands sont obligés à leur tour de respecter dans la personne des bourgeois et des paysans, les droits de l'humanité, et la qualité de citoyens libres qui concourent à faire la loi à laquelle ils doivent obéir.

A Dieu ne plaise, Monseigneur, que, sous prétexte de produire le plus grand bien, c'est-à-dire, de rendre les fortunes égales, je vous invite à porter une main sacrilége sur les biens de vos sujets ! Mais si on ne peut pas aspirer aujourd'hui à l'égalité de Sparte ; si on ne peut pas assigner un patrimoine égal à chaque citoyen, il est du moins facile de bannir d'un état la mendicité et l'excessive opulence. Il est aisé d'établir un tel ordre de choses que le travail fournisse à chaque homme une subsistance honnête, et qu'il n'y ait aucune circonstance où un père laborieux soit condamné à mourir de faim avec sa famille. Quand le prince voudra donner des bornes à ses désirs et l'exemple de la modération, il sera aisé que la nourriture du peuple ne soit pas dévorée par des favoris, des flatteurs et des traitans. Il est aisé de faire des lois somptuaires qui diminueront notre cupidité, en rendant les richesses moins nécessaires. Il est aisé de faire même des lois agraires qui empêchent que l'avarice n'engloutisse toutes les possessions, et qui fassent disparoître peu à peu ces fortunes scandaleuses qui sont un foyer éternel d'injustices, de vexations, de tyrannie et de servitude, et qui corrompent ceux mêmes qui n'en jouissent pas. En un mot, pour me servir d'une expression de Cicéron, quoique nous soyons dans la lie de Romulus, la politique a encore des moyens efficaces pour apprendre aux hommes qu'il y a quelque chose de plus précieux que l'or et l'argent.

Si vous vous rappelez les principes que j'ai établis dans tout le cours de cet ouvrage, et que j'ai puisés dans l'histoire ancienne et moderne, vous jugerez sans peine, Monseigneur, que ce bonheur, auquel les peuples de l'Europe doivent encore aspirer, ne peut se trouver que dans les états où les lois sont véritablement souveraines, et les magistrats réduits à l'heureuse nécessité de n'en être que les organes et les ministres. Quelque zèle que je vous suppose pour le bien public, quelque déterminé que vous soyez à y sacrifier les intérêts de vos passions, quelque peu étendus que soient vos états, si vous voulez être unique et suprême législateur, soyez sûr que vous vous ferez illusion à vous-même ; soyez sûr que vous succomberez sous le fardeau dont vous vous serez chargé. Sans que vous vous en doutiez, la flatterie vous déguisera tous les objets, vos passions vous tromperont sur vos vrais intérêts ; vous verrez votre peuple de trop loin, et vos courtisans de trop près.

Mais je veux que, par le plus grand des miracles, vous soyez affranchi de toutes les foiblesses et de toutes les erreurs de l'humanité ; tandis que vous aurez la petitesse extrême de vouloir être tout-puissant, et l'injustice de soumettre à vos volontés des hommes que la nature a faits pour être libres comme vous, je veux que, par une contradiction singulière, vous soyez en effet le modèle des princes, et que vous rendiez vos sujets constamment heureux ; que dira-t-on de votre administration ? Le prince de Parme a fait, pendant un instant, le bonheur des Parmesans ; il a été juste, il a été humain ; mais, par malheur, ses lumières n'étant pas égales à ses vertus, il n'a point su fixer la félicité dans sa patrie ; il n'a point su donner aux lois cette force admirable qui les conserve en les faisant aimer et respecter. En effet, Monseigneur, s'il est sage de vous défier de vos vertus et de vos talens, il est nécessaire que vous vous attendiez à avoir des successeurs indignes de vous ; car le mérite n'est point héréditaire comme les titres et les principautés. Quel est donc votre devoir ? de vous mettre, vous et vos successeurs, dans la douce nécessité d'obéir aux lois, de les préserver des vices qui accompagnent une autorité arbitraire, afin que vos sujets n'aient point ceux que donne une obéissance servile. La vérité n'a qu'un conseil à vous faire entendre : assemblez, Monseigneur, les états de votre pays ; mais faites, pour les rendre utiles, tous les efforts que d'autres princes ont faits pour avilir, dégrader et ruiner ces augustes assemblées connues sous les noms de diètes ou d'états-généraux.

Je ne m'étendrai point en réflexions sur la partie de l'autorité que vous devez vous réserver, ni sur celle que vous devez abandonner à la nation. La seconde partie de cet ouvrage, où j'ai fait connoître les vices et les inconvéniens de plusieurs gouvernemens, suffit pour vous instruire de votre devoir. Quelle doit être la police des diètes ? quelles règles doivent-elle suivre en délibérant sur les affaires ? Avec quelle lenteur, avec quelle précaution les lois doivent-elles être proposées, méditées et publiées ? Voilà, Monseigneur, des questions très-importantes, et je vous prie de travailler vous-même à les résoudre. Faites seulement attention que les hommes naturellement portés à trop de sévérité ou à trop d'indulgence, ne savent presque jamais saisir ce juste milieu où se trouve la vérité. Pour éviter l'anarchie, gardez-vous de gêner la liberté. Soumettez les affaires à plusieurs examens différens, afin qu'on soit forcé de les étudier avant que de les décider. Enfin précautionnez-vous contre cet engouement subit auquel les grandes assemblées sont sujettes, et qui n'est que trop propre à faire porter des lois injustes.

Si la nation n'est pas libre dans le choix de ses députés, elle ne leur donnera pas sa confiance, et ils ne feront qu'un bien médiocre. Empêchez qu'une corruption sourde ne vienne sapper les fondemens de l'édifice que vous aurez élevé. Il ne s'agit pas de faire des lois sévères, mais de disposer les choses de telle manière que personne ne trouve son avantage à vendre sa voix et sa liberté. Séparez avec soin la puissance législative et la puissance exécutrice, pour qu'au lieu de se nuire et de se mettre l'une à l'autre des entraves, elles se prêtent un secours mutuel. Si vous voulez être un grand homme, oubliez que vous êtes prince. Aux maximes erronées que la flatterie publie dans les cours, substituez les principes que vous dictera votre raison. Les princes sont les administrateurs, et non pas les maîtres des nations. Voilà ce que dit la philosophie; et cette vérité a même échappé à des empereurs despotiques.

Vous ne perdrez rien, Monseigneur, en vous tenant dans les bornes d'un pouvoir limité. Ces princes qui veulent être tout dans leurs états, ne deviennent, quoi qu'ils puisssent faire, que les instrumens du pouvoir de leurs favoris : qui veut tout faire, nécessairement ne fait rien. Les hommages et les respects voleront au-devant de vous. L'amour de vos sujets vous donnera plus d'autorité que vous n'en aurez voulu perdre. Vous affermirez la fortune de vos successeurs. Tacite l'a dit : un pouvoir trop étendu est toujours chancelant. Une grande réputation sera votre récompense. Tous les peuples voisins envieront le bonheur de vos sujets. Si Ferdinand de Parme, diront-ils, si Ferdinand-le-Grand, si ce nouveau Théopompe, si ce nouveau Charlemagne avoit été notre roi; si le ciel favorable nous eût accordé ce bienfait, nous serions heureux, et nous regarderions notre bonheur comme un héritage qui doit passer à nos enfans. Vous aurez la consolation de regarder d'avance la prospérité des générations suivantes, comme votre ouvrage.

Ayez, Monseigneur, le courage, la fermeté et la patience du czar Pierre Ier : concevez, comme lui, le projet de faire une nation nouvelle ; mais plus instruit de vos devoirs, des droits de l'humanité, et de la politique qui fait le bonheur des citoyens, la prospérité des princes, et la gloire réelle des états, ne vous contentez point d'ôter à vos sujets les vices qu'ils ont, pour leur en donner d'autres également dangereux. Faites ce que n'a pas fait Pierre : par l'étendue de vos vues, et la grandeur de votre ame, embrassez l'avenir, et régnez, pendant plusieurs siècles, sur les Parmesans. Je serai trop heureux, si on dit un jour que j'ai été votre le Fort.

FIN DE L'ÉTUDE DE L'HISTOIRE, ET DU COURS D'ÉTUDE.

# TABLE
## DES MATIÈRES.

## DE L'ETUDE DE L'HISTOIRE.

### PREMIÈRE PARTIE.

#### CHAPITRE I.

INTRODUCTION.

Que l'histoire doit être une école de morale et de politique, pag. 1.

#### CHAPITRE II.

Des vérités fondamentales auxquelles il faut s'attacher en étudiant l'histoire, pag. 24.

PREMIÈRE VÉRITÉ.

De la nécessité des lois et des magistrats, pag. 24.

#### CHAPITRE III.

SECONDE VÉRITÉ.

Que la justice ou l'injustice des lois est la première cause de tous les biens et de tous les maux de la société, pag. 33.

## CHAPITRE IV.

### TROISIÈME VÉRITÉ.

*Que le citoyen doit obéir aux magistrats, et les magistrats aux lois*, pag. 51.

## CHAPITRE V.

### QUATRIÈME VÉRITÉ.

*Qu'il faut se précautionner contre les passions des étrangers*, pag. 70.

## CHAPITRE VI.

### CINQUIÈME VÉRITÉ.

*Que les états ne doivent pas se proposer un autre bonheur que celui auquel ils sont appelés par la nature*, pag. 86.

## CHAPITRE VII.

*Application des vérités précédentes aux événemens généraux rapportés dans l'histoire ancienne*, pag. 98.

## CHAPITRE VIII.

*Application des vérités précédentes à quelques objets importans de l'histoire des peuples modernes de l'Europe*, pag. 113.

## SECONDE PARTIE.

### CHAPITRE I.

*Réflexions générales sur quelques états de l'Europe, où le prince possède toute la puissance publique*, pag. 146.

### CHAPITRE II.

*Du gouvernement des cantons Suisses, de la Pologne, de Venise et de Gênes*, pag. 162.

### CHAPITRE III.

*Du gouvernement de l'empire d'Allemagne*, pag. 193.

### CHAPITRE IV.

*Du gouvernement des Provinces-Unies*, pag. 217.

### CHAPITRE V.

*Du gouvernement d'Angleterre*, pag. 240.

### CHAPITRE VI.

*Du gouvernement de Suède*, pag. 170.

## TROISIÈME PARTIE.

### CHAPITRE I.

*Des causes générales qui entretiennent les gouvernemens dans leurs vices, et s'opposent à une réforme*, pag. 308.

## CHAPITRE II.

*Réflexions sur les causes particulières qui empêchent que les états de l'Europe ne fassent une réforme avantageuse dans leur gouvernement et leurs lois*, pag. 328.

## CHAPITRE III.

*Que les sociétés sont plus ou moins capables d'une réforme. Par quels moyens on doit y arriver*, pag. 356.

## CHAPITRE IV.

*De la méthode avec laquelle un prince doit procéder dans la réforme du gouvernement et des lois*, pag. 375.

## CHAPITRE V.

*Conclusion de cet ouvrage*, pag. 398.

FIN DE LA TABLE DES MATIÈRES.

www.ingramcontent.com/pod-product-compliance
Lightning Source LLC
Chambersburg PA
CBHW050138100925
32336CB00046B/2617